GUIDE

DE L'ÉTRANGER

A COUTANCES

GUIDE

DE

L'ÉTRANGER

A COUTANCES

ET

AUX ENVIRONS DE CETTE VILLE

PAR

M. L. QUENAULT,

**Sous-Préfet honoraire, Chevalier de la Légion-d'Honneur,
Officier de l'Instruction publique,
Membre de la Société des Antiquaires de Normandie,
de l'Académie de Caen, de l'Institut des provinces,
Vice-Président de la Société académique du Cotentin,
et Inspecteur divisionnaire de l'Association normande.**

COUTANCES

IMPRIMERIE DE SALETTES, LIBRAIRE-ÉDITEUR.

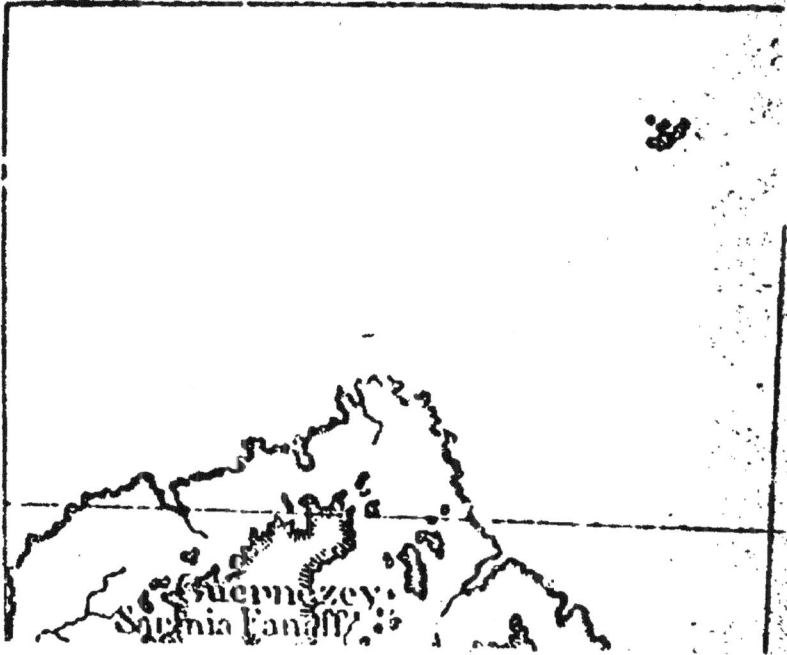

Guernzey:
Sarnia Canall(?)

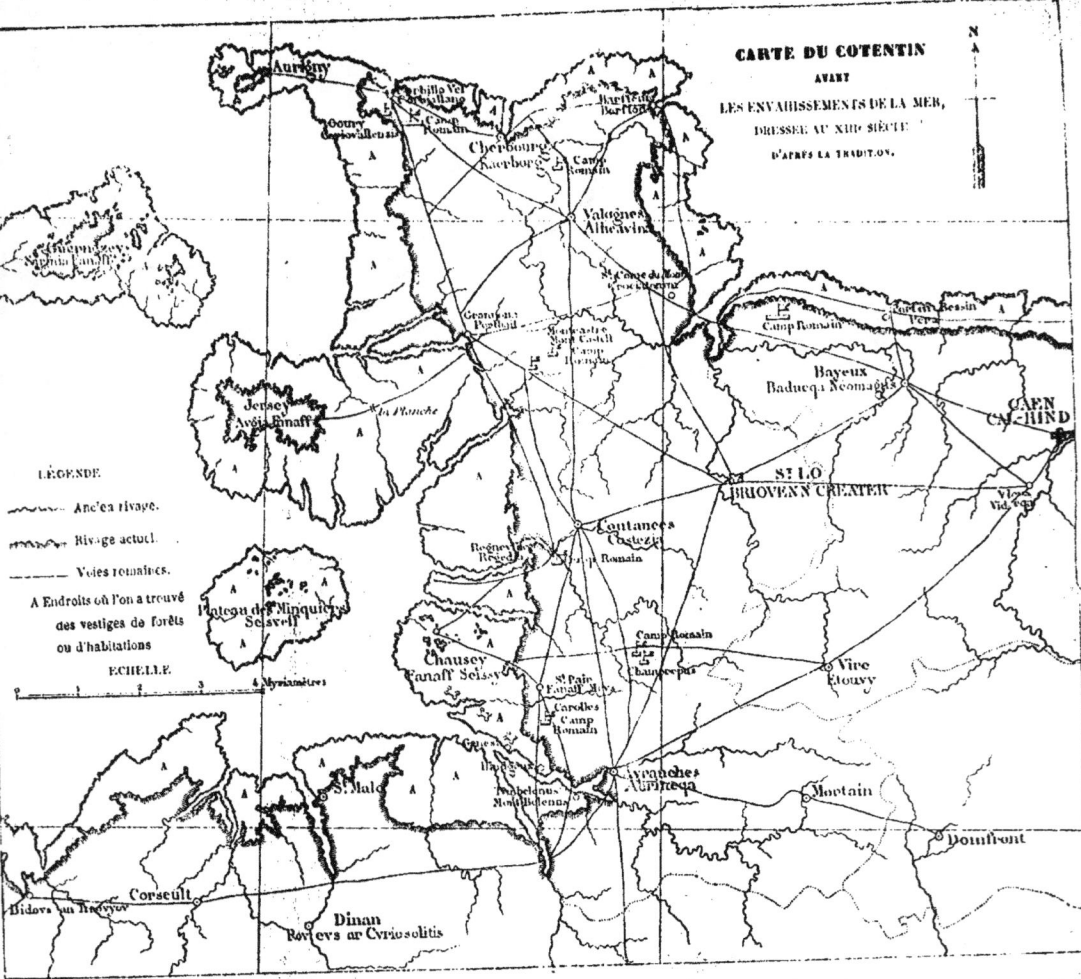

CARTE DU COTENTIN

AVANT

LES ENVAHISSEMENTS DE LA MER,

DRESSÉE AU XIIIᵉ SIÈCLE

D'APRÈS LA TRADITION.

LÉGENDE

Ancien rivage.

Rivage actuel.

Voies romaines.

A Endroits où l'on a trouvé
des vestiges de forêts
ou d'habitations

ÉCHELLE

PROPRIÉTÉ DE L'ÉDITEUR

GUIDE

DE

L'ÉTRANGER

A COUTANCES

ET

AUX ENVIRONS DE CETTE VILLE

PAR

M. L. QUENAULT

Sous-Préfet honoraire, Chevalier de la Légion d'Honneur,
Officier de l'Instruction publique,
Membre de la Société des Antiquaires de Normandie,
de l'Académie de Caen, de l'Institut des provinces,
Vice-Président de la Société académique du Cotentin,
et Inspecteur divisionnaire de l'Association normande.

COUTANCES

IMPRIMERIE DE E. SALETTES, LIBRAIRE-ÉDITEUR.

PRÉFACE

L'édition des *Recherches archéologiques* que j'ai publiée sur la ville de Coutances étant à peu près épuisée, et la réédition qui doit en être faite devant demander un assez long espace de temps, j'ai rédigé, pour l'usage des nombreux étrangers qui viennent à Coutances visiter ses magnifiques monuments, un petit volume dans lequel je résumerai ce que j'ai dit et ce que j'ai à dire à leur sujet. J'ai eu soin dans cette publication d'élaguer les pièces justificatives et les discussions archéologiques qui n'ont d'intérêt que pour les personnes versées dans l'étude de l'archéologie.

Comme je m'adresse à tout le monde, aux simples curieux comme aux archéologues, je n'ai émis sur les monuments de la ville de Coutances que les opinions qui m'ont semblé incontestables, que celles qui sont fondées sur des titres et l'examen minutieux des monuments. Mon but est de faire connaître et de propager ce que je crois être la vérité et de n'avancer rien de hasardé.

Je termine ce volume par une excursion aux environs de Coutances, indiquant d'une manière succincte les curiosités naturelles et les monuments à visiter, en renvoyant les lecteurs, pour de plus amples détails, aux livres qui

1

sont dans le commerce, ou dans la Bibliothèque de la ville de Coutances;

On trouvera dans ce volume deux clichés de l'aqueduc et une carte indiquant exactement les empiétements de la mer sur le rivage du département de la Manche.

Les notes qui accompagnent cette carte mettront à même les lecteurs d'étudier par eux-mêmes le phénomène si intéressant de l'invasion par la mer du littoral français, conséquence du dénivellement du sol et de l'érosion des côtes par les flots.

NOUVELLES

ÉTUDES ARCHÉOLOGIQUES

Coutances est évidemment l'ancienne Cosedia de la carte de Peutinger; plus tard, cette ville a pris successivement le nom de Constantiæ, Constantiis, Constantia Castra, Constances, Coustances et enfin de Coutances. Il est aussi hors de doute que c'était une cité importante sous la domination romaine, et vraisemblablement dès le commencement de cette domination. Elle était une cité considérable d'une peuplade nombreuse et guerrière, celle des Unelles ou Unelliens, qui prit la part principale à l'insurrection réprimée par Sabinus, lieutenant de César. Les conquérants, pour arrêter, à l'avenir, toute résistance, ont dû se l'assimiler autant qu'ils l'ont pu, en établissant dans une de leurs principales cités, le chef-lieu d'un vaste territoire.

L'archéologie vient ici au secours de l'histoire pour constater ce fait. Chaque fois qu'on entreprend un travail de terrassement au nord de la cathédrale de Coutances et dans un rayon d'un kilomètre environ, on découvre des constructions antiques, beaucoup de tuiles à rebord, de la poterie vernissée, des restes de vases antiques, et des monnaies romaines appartenant presque toutes au Haut-Empire. Les médailles moins anciennes sont extrêmement rares.

Quand on construisit la route de l'Ouest en 1793, on découvrit, entre la rue Saint-Nicolas et celle du Château-Pisquiny, beaucoup de constructions antiques, des médailles du Haut-Empire, des vases de poterie vernissée rouge, noire, et blanche, parmi lesquels il s'en trouvait un, dont est en possession M. Dolley. Il contenait plusieurs centaines de monnaies du Haut-Empire et portait l'inscription suivante :

AVG. TIB.

CLAUDIUS

CAS. GERMANIC.

PONT. MAX. TIB.

POTEST. V. IMP. XI.

P. P. CON. IIII.

SURINA

« Augustus Tiberius Claudius Cæsar Germanicus, pon-
» tifex maximus, tribunitiæ potestatis quintum, imperator
» undecimum, pater patriæ, consul quartum.

» SURINA. »

« Auguste-Tibère-Claude César le Germanique, grand-
» pontife, revêtu pour la cinquième fois de la puissance
» tribunitienne, imperator pour la onzième fois, père de
» la patrie et consul pour la quatrième. »

Surina est évidemment le nom du potier. De Mons, dans son manuscrit sur la ville de Coutances, qui est du commencement du XVIIIe siècle, rapporte qu'on a souvent découvert des murailles de construction romaine dans les environs de la rue du Château-Pisquiny et de la Croute-aux-Moines.

En 1831, des travaux pour le percement d'une rue nouvelle faisant communiquer la route de l'Ouest avec la rue Saint-Nicolas, mirent au jour les ruines de thermes antiques assez importants. On y rencontra les débris d'un hypocauste, une aire en ciment romain, un puits antique, des poids, des amphores, beaucoup de médailles du Haut-Empire, et un petit médaillon en bronze ne portant d'empreinte que d'un seul côté, et représentant Diane surprise au bain au milieu de ses nymphes par Actéon, qui commence à subir le châtiment de son indiscrétion, car on lui voit le front déjà surmonté de deux bois de cerf naissants. Il est probable que ce médaillon était un cachet de bain, ou billet d'entrée aux thermes.

En 1839, j'ai suivi, dans un verger à moi appartenant, situé près de la route de l'Ouest, entre cette route et la rue du Château-Pisquiny, des fondations de constructions romaines. Elles se dirigeaient de l'est à l'ouest, et après les avoir fouillées sur une longueur d'environ 40 mètres, je m'arrêtai à la rue du Château-Pisquiny, limite de ma propriété; elles continuent certainement sous cette rue. Les fondations étaient à pierre sèche, et au-dessus s'élevait une maçonnerie de petit appareil. Les pierres extérieures avaient un côté, celui de l'extérieur, taillé; elles avaient chacune 20 centimètres carrés de surface. Le milieu du mur était un blocage composé de petites pierres, de chaux vive et de brique pilée. Les angles des murailles étaient en tuf exquillier, taillé à peu près dans la forme d'une brique moderne et en ayant environ les dimensions, c'est-à-dire 20 centimètres de hauteur, 12 de largeur et 7 d'épaisseur.

Ces fondations représentaient un long corridor d'environ 3 mètres de large, se dirigeant de l'est à l'ouest, et d'espace en espace il se trouvait au nord de ce corridor des murs de refend et des baies de portes indiquant la séparation et la distribution des pièces auxquelles il donnait accès.

C'était, sans doute, la villa désignée aujourd'hui par la tradition sous le nom de Château-Pisquiny qui, dans les textes latins, est Pischinium.

Je n'eus pour constater, en dehors de la manière dont les murs étaient construits, l'origine romaine de ces ruines, que la découverte de beaucoup de tuiles à rebord, des débris d'amphores et de poterie vernissée. Je ne vis aucune médaille. Cela ne veut pas dire qu'on n'en ait pas trouvé. Il est bien rare que les ouvriers fassent à ceux qui les emploient la déclaration des trésors qu'ils découvrent.

Deux ans après, encore sur ma propriété, et au levant de la route de l'Ouest, on trouva, en creusant les fondations d'un mur, beaucoup de tuiles à rebord, des fragments de poterie vernissée rouge et noire, et une très-jolie coupe en poterie vernissée rouge, qui portait au fond le mot Eros, sans doute celui du potier. On ne me présenta pas plus de médailles que dans l'autre découverte. J'ai su depuis qu'il en a été trouvé deux ou trois qui ont été vendues clandestinement, soit à des brocanteurs, soit à des fondeurs.

Pendant qu'en 1862, on plaçait les tuyaux du nouvel aqueduc, on mit au jour dans la rue du Grand-Séminaire des constructions romaines de petit appareil, disposées, sauf les briques de tuf qui manquaient, absolument comme celles de la rue Pisquiny. On trouva partout des tuiles à rebord et quelques monnaies du Haut-Empire.

En 1865, en creusant un égout pour l'écoulement des eaux de la place appelée l'Enclos-Notre-Dame, on rencontra des substructions antiques. Une muraille principale, qui se dirigeait de l'ouest à l'est, fut suivie par les travaux pendant plus de 20 mètres, elle a même été conservée pour l'égout dont elle supporte en partie les couvertures. Cette muraille, construite absolument comme les autres maçonneries antiques déjà décrites dans ce Mémoire, devait être une des côtières d'un édifice important. Sur cette muraille principale s'appuyaient des murs de refend qui se perdaient sous les maisons de la rue du Pertuis-Trouard et qui marquaient les séparations entre les diverses pièces de l'édifice. La première de ces murailles, allant du sud au nord, était à quatre mètres environ de la seconde qui était à la même distance de la troisième ; à partir de la troisième, on n'a rencontré qu'un espace vide dont on n'a pas pu apprécier toute l'étendue puisqu'à partir d'environ 7 mètres de l'égout changeant de direction, les fouilles ont cessé.

La muraille principale et celles de refend étaient dans cette vaste pièce enduites de ciment rouge, composé de mortier et de briques pilées, connu sous le nom de ciment romain. Il se rencontra dans cette pièce plusieurs dés de maçonnerie en briques qui devaient être les piliers destinés à supporter les tuyaux d'un hypocauste. Une de ces briques, qui avaient 20 centimètres carrés et 6 centimètres d'épaisseur, portait la lettre ou le chiffre romain V. Etait-ce le n° de la légion qui aurait fabriqué cette brique, la marque du fabricant ? Je n'oserais émettre une opinion sur le sens de cette lettre qui peut donner carrière à toutes les conjectures. On y trouva aussi quelques bouts de tuyaux de chaleur.

Cet édifice a dû certainement être considérable. Je n'ai constaté que la découverte d'une seule médaille dans ces fouilles ; elle était de Marc-Aurèle.

On a encore découvert, cette année même, en plaçant des tuyaux à gaz, des constructions antiques dans la rue du Grand-Séminaire et des pieds d'énormes amphores dans la rue Saint-Dominique.

La ville de Coutances était traversée par deux voies romaines, l'une de Cherbourg à Rennes, et l'autre de Valognes à Rennes.

En creusant, au bas de la rue Saint-Maur, un égout se dirigeant du sud au nord, on a découvert le statumen d'une autre voie romaine allant vers l'ouest, dans la direction soit d'Agon, soit de Blainville. Ce devait être la route qui conduisait au port de l'Océan le plus voisin. Où était-il situé? La mer nous a tant envahis depuis la domination romaine, que je ne saurais le dire. Chausey tenait alors à la terre ferme, et Jersey n'en était probablement séparé que par une rivière. Cette route devait passer par Gratot et Blainville. Un village de Gratot porte le nom de Pavement, et la route sur laquelle il est situé porte dans les vieux titres du Moyen-Age le nom de *via regia*.

Voilà l'état sommaire de toutes les antiquités qui ont été découvertes sur le sol même de la ville de Coutances.

En 1770, la ville de Coutances occupait à peu près la même étendue de territoire qu'aujourd'hui. Une seule rue importante, celle de Tourville, a été percée depuis, une autre fait communiquer l'Hôtel-de-Ville avec la route de l'Ouest; mais on n'a fait de constructions nouvelles que sur la première de ces deux rues.

La ville n'avait alors que des places d'une étendue insignifiante, et ne possédait aucunes promenades publiques.

La route de l'Ouest, destinée à débarrasser la ville du passage des nombreuses charrettes allant aux engrais de mer, n'a été construite qu'en 1793.

Les boulevards, la place Milon, la place Le Brun sont dus à l'administration de M. Duhamel. On a vu récemment ouvrir la place Notre-Dame.

Les seules places qui existaient en 1770 étaient la place Nieulen, appelée alors la place du Marché-à-Chaux, celle du Marché-à-Sel, et la Belle-Place.

La plus grande de ces places ne contient pas 4 ares de surface.

La place Le Brun, une partie des boulevards, du marché aux bestiaux, occupent les terrains ayant appartenu au couvent des Bénédictines, appelé Notre-Dame-des-Anges.

La place Duhamel, l'autre partie du marché aux bestiaux et du boulevard occupent ceux qui appartenaient aux couvents des Capucins et des Eudistes.

La place Milon était le bas-jardin de l'évêché, et la halle à blé l'église des Capucins.

Le Lycée occupe la plus grande partie des terrains ayant appartenu aux Eudistes.

Le Grand-Séminaire a remplacé le couvent des Dominicains, le Palais-de-Justice celui des Bénédictines.

Depuis 1789, on a construit peu de nouvelles maisons à Coutances, si ce n'est dans la rue Tourville, ouverte il y a 42 ans, et dans la rue Geffroy-Herbert, récemment mise en alignement.

Beaucoup de maisons bourgeoises, d'hôtels même, servant à loger avant 1789 les nombreux fonctionnaires qui résidaient à Coutances et les chanoines, ont été laissées à peu près dans leur ancien état.

Deux sont devenues des monuments publics, l'hôtel-de-ville, qui appartenait à la famille de Cussy, et l'hôtel du jardin public, où habitait la famille de Quettreville.

Il est facile, au moyen des adresses indiquées dans les almanachs coutançais de 1770 à 1780, pour tous les fonctionnaires et chanoines, de retrouver leurs habitations dans les maisons importantes de chaque rue.

L'impasse de l'Evêché et le cloître Notre-Dame étaient presque entièrement habités par des chanoines.

Le présidial siégeait dans le local occupé aujourd'hui par la salle de spectacle.

Je ne pourrais dire s'il y avait un hôtel-de-ville et où il était situé. Avant qu'il fût établi dans l'hôtel Cussy, je l'ai vu dans le couvent des Capucins ; mais avant 1789, je ne sais quel local il occupait.

Des recherches que je viens de faire dans les archives municipales m'ont fait découvrir le lieu où se réunissait l'assemblée des maires, échevins et notables. Avant 1750, c'était dans une des salles du présidial. A cette date, la juridiction de la vicomté ayant été réunie au présidial, le local qui lui était destiné devint vacant et fut concédé à la ville par le duc de Penthièvre pour y établir ce qu'on appelait la Maison de ville. La maison qui lui servait était située rue du Siége, entre la maison Lalande et l'hôtel Cussy devenu l'hôtel-de-ville. Une description détaillée de cette maison se trouve dans une délibération municipale du mois de décembre 1750.

Le subdélégué qui remplissait une partie des fonctions attribuées aujourd'hui aux sous-préfets, logeait dans un hôtel lui appartenant, place du Marché-à-Chaux. C'est dans cet hôtel que l'on tirait au sort pour la milice bourgeoise, espèce de garde nationale mobile chargée de garder les places et les frontières.

Les halles et les marchés étaient concentrés dans la halle aux viandes, la poissonnerie, la place du Marché-au-Sel et la rue Passe-Maire.

Quel était le chiffre de la population de Coutances alors ? Les almanachs ne le disent pas ; mais je ne suppose pas qu'il fût inférieur à celui d'aujourd'hui.

Tel était l'état de la ville en 1770, elle s'est bien embellie depuis. Des promenades, des places y ont été créées. Quelques nouvelles rues ont été percées ; deux grands établissements, celui du Lycée et du grand-séminaire, la sous-préfecture, la gendarmerie, la prison ont été construits ; mais la ville n'a pas acquis réellement beaucoup plus d'importance. Il n'en eût pas été de même si on y avait maintenu le chef-lieu départemental que l'Assemblée constituante y avait fixé.

Un décret de 1790 plaça provisoirement l'administration départementale à Coutances, ordonna que l'assemblée électorale manifesterait le vœu général des habitants sur une question que leurs intérêts seuls devaient décider.

En conséquence, le 27 juin 1790, les électeurs du département de la Manche examinèrent laquelle des deux communes de Coutances et de Saint-Lo présentait plus d'avantages à la majorité des administrés. Après une longue délibération, presque tous les suffrages se réunirent en faveur de Coutances, et l'Assemblée nationale, par décret du 11 septembre 1790, y plaça définitivement l'administration départementale. Ce décret, au dire d'une réclamation des habitants de Coutances, en date du 11 prairial an 5, quoi qu'il eût été précédé d'une discussion solennelle d'une exécution de 5 années, de l'achat de bâtiments nécessaires à l'administration, fut inopinément abrogé sans examen, le 19 vendémiaire an 4.

On s'apprêta à réclamer et on envoya aux représentants de la Manche au conseil des Cinq-Cents le projet de pétition que l'on devait faire signer aux habitants du département ; un exemplaire non signé parvint au bureau de l'Assemblée des Cinq-Cents. On nomma une commission pour l'examiner quoiqu'il ne fût revêtu d'aucune signature, et cette réclamation, qui ne pouvait pas être soumise au corps législatif parce qu'elle n'était pas en forme, fut repoussée le 17 floréal an V par la question préalable.

On réclama de nouveau ; beaucoup de communes, 42 sur 69, se joignirent à la ville de Coutances pour faire revenir le conseil des Cinq-Cents de cette surprise, mais la pétition fut définitivement rejetée par un ordre du jour.

AQUEDUC DE COUTANCES

L'Aqueduc de Coutances a la réputation d'être une construction romaine. L'abbé de Fontenu, membre de l'Académie des inscriptions et belles-lettres, qui l'a visité dans le dernier siècle et en a fait la description, n'en doutait pas. M. de Gerville considérait comme antiques les arches a plein cintre dont il ne reste plus que quelques piliers.

L'examen de la maçonnerie qui n'a rien d'antique, et surtout la lecture de pièces authentiques qui, pendant que j'étais maire de Coutances, me sont tombés sous la main, m'ont donné une opinion toute autre que j'ai exprimée dans un mémoire récompensé par l'institut en 1860.

J'ai établi que les arches à plein cintre sont ce qui restait intact de la construction primitive de l'Aqueduc fondé en 1232, par la famille Paisnel dont les armes d'or à deux bandes d'azur au champ chargé de neuf merlettes sont sculptées au nord de l'Aqueduc sur le contre-fort de la seconde arche en ogive. Un Paisnel était pendant la construction du monument gouverneur de Coutances, un autre était prieur du couvent des Dominicains pour les besoins duquel le monument a été principalement édifié.

J'ai établi par des titres que pendant les incursions au XVIᵉ siècle à Coutances des protestants qui brûlèrent le couvent des Dominicains, leurs bandes avaient en grande partie détruit l'Aqueduc et n'avaient laissé intactes que quelques arches à plein cintre que l'on voyait encore avant la construction de la route de Coutances à Agon, et du chemin vicinal de la Broche. Qu'à la suite de cette dévastation on avait reconstruit les arches démolies dans le style ogival, et que cette grande restauration avait été terminée en 1595, suivant une inscription gravée près du contre-fort construit entre la 3ᵉ et la 4ᵉ arcade du côté de la ville. On avait lu avant moi 1159, parce que l'on avait pris pour le chiffre 1 le 3ᵉ jambage de la lettre m qui précède l'inscription et que l'on n'avait pas vu le 4ᵉ chiffre 5 qui est très-rapproché du 9 et en suit les contours.

Depuis la publication de ce mémoire personne n'a plus élevé de doutes sur la véritable origine du monument; qui ne doit même pas avoir succédé à un aqueduc antique. Rien, en effet, dans la maçonnerie ne ressemble à une construction romaine, et l'on n'a rencontré ni dans les thermes de la rue Tourville, ni dans l'hypocauste de la rue du Pertuis-Trouard, aucun tuyau d'aqueduc, les seuls tuyaux que j'y aie vus étaient des tuyaux de chaleur. D'ailleurs, l'établissement d'un puits antique ayant une source très-abondante au milieu des thermes de la rue Tourville constate qu'on n'a pas eu recours pour alimenter les bains publics aux sources des coteaux voisins de Coutances.

Voici quel était ce monument, après la grande réparation qui fut terminée en 1595.

L'Aqueduc des Piliers avait seize arches; les huit
premières, du côté de la source, étaient à plein cintre,
la première de ces arches, dont les proportions étaient
beaucoup plus petites que celles des autres, servait pour
le passage d'un chemin, nommé la rue de la Broche,
qui conduisait de la rue des Piliers à l'Écoulanderie.
Les huit autres arches étaient dans le style ogival.

Nous pensons que l'Aqueduc, reconstruit dans le XIII
siècle, était entièrement à plein cintre. On objectera,
peut-être, que, dans ce siècle, l'ogive a commencé à
paraître, et qu'au commencement du siècle suivant, elle
a été universellement répandue. Nous répondrons qu'il
s'en fallait beaucoup que l'usage du plein cintre fût
complétement passé; que, pendant plus d'un siècle, les
deux styles ont régné concurremment, et que, comme l'a
si judicieusement remarqué Mgr Delamare, les couvents, esclaves des anciens usages et admirateurs du
passé, furent les derniers à adopter la mode nouvelle.
Nous avons d'ailleurs déjà établi que ce monument ne
peut être, dans aucune de ses parties, de construction
romaine, que l'opinion qui s'était accréditée, qu'il avait
été rétabli dans le XIIe siècle, venait d'une erreur sur
une inscription, et que tous les titres, dont le plus ancien
ne remonte qu'à 1277, attestent qu'il a été élevé pour
les besoins du couvent des Dominicains, fondé en 1232.
Rien donc, dans le monument, ne peut être plus ancien
que l'époque de cette fondation.

La grande réparation de 1595, fut faite dans le style
ogival qui régnait alors concurremment avec celui dit de
la renaissance, qui commença à paraître dans ce siècle.

De chaque côté, les arches étaient précédées d'un mur

de maçonnerie pleine, le mur ouest, y compris la petite arche, avait 130 pieds de longueur.

Le mur est avait 70 pieds de long, les huit arcades en ogive avaient 38 pieds sous voûte, la voûte et le pavé qui la recouvrait avaient à peu près deux pieds d'épaisseur, le parapet qui se trouvait de chaque côté avait deux pieds quatre pouces, ce qui faisait en tout, à peu près, 43 pieds d'élévation.

La hauteur des huit autres arcades variait suivant la pente du terrain qu'elles suivaient.

Des gouttières qui sortaient d'un pied et demi en saillie de chaque côté des arcades, immédiatement au-dessus de la clef des cintres, servaient, non-seulement à laisser écouler les eaux de pluie, mais encore à donner passage aux eaux des canaux, lorsqu'ils venaient à s'entr'ouvrir.

Les arcades avaient environ 22 pieds d'ouverture. La quatorzième, la quinzième et la seizième, à l'ouest, étaient moins larges, la quatorzième avait quinze pieds, la quinzième dix-sept pieds, et la seizième quinze pieds.

On montait sur l'Aqueduc par deux portes, une se trouvait à l'est et l'autre à l'ouest, elles avaient chacune quatre pieds de haut sur deux pieds et demi de large.

Les piliers carrés, sur lesquels reposaient les arcades, avaient 10 pieds de largeur sur dix-sept de longueur, en y comprenant les arcs-boutants ou contre-forts.

La longueur totale du monument était de 760 pieds.

Tel était l'état de l'Aqueduc en 1741, époque où M. de Fontenu le visita, et encore bien qu'aucune arcade ne fût corrûée, cet antiquaire le considéra comme devant bientôt tomber en ruines, si de promptes et urgentes réparations n'y étaient faites. M. Foucault, alors intendant à Caen, eut le projet de le faire rétablir, mais il parait qu'il ne fut pas donné de suite à ce projet, car peu d'années après, la prédiction de M. de Fontenu commença à s'accomplir. En effet, en 1760, l'arche sous laquelle passait le chemin de l'Écoulanderie était tombée et interceptait le passage. Une visite de lieux fut ordonnée dans le but de constater l'état de dégradation de l'Aqueduc et de voir quelles réparations pourraient en rétablir la solidité.

Voici ce qui résulte du rapport des experts chargés de cette opération.

La première arcade du côté de l'ouest était, suivant l'expression du rapport, en totale ruine. La seconde tombait également en ruine, et les experts soutenaient qu'on ne pouvait la rétablir sans la démolir entièrement.

Une partie de la voûte de la cinquième arche était tombée.

La sixième arche était complétement en ruine.

Les autres arcades, jusqu'à la douzième, n'avaient subi que quelques légères dégradations, celle-ci n'était pas précisément sur le point de crouler, mais son état nécessitait de grandes réparations.

La treizième avait aussi de nombreuses et graves dégradations.

La quinzième ne pouvait être rétablie qu'après une entière démolition, aucune partie ne pouvant être conservée.

La conclusion de ce rapport d'experts était qu'une somme de 28,000 fr. était nécessaire pour une réparation complète.

Sans doute les personnes qui dirigeaient alors l'administration de la ville furent effrayées des frais que devait entraîner la restauration de l'Aqueduc, car il est certain qu'il n'a été fait aucuns travaux d'entretien, ni même de consolidation, depuis cette époque. Loin de là on a démoli successivement plusieurs arcades, chaque fois que leur état de ruine a menacé la sûreté publique.

On doit bien penser que les dégradations du monument n'ont fait que s'accroître avec le temps, et que, quel que fût son état de vétusté en 1760, il est encore bien plus déplorable maintenant. De beaucoup d'arches qui subsistaient alors, il ne reste même plus de traces aujourd'hui : il ne subsiste plus qu'un bloc de maçonnerie qui ne contient que deux mètres de tout le mur ouest. Les 1re, 2e et 3e arcades à plein cintre, du même côté, ont entièrement disparu.

Des 4e, 5e, 6e, 7e, 8e et 9e il ne reste plus que des fragments de piliers.

Les 10e, 11e, 12e, 13e et 14e sont restées debout, mais les voûtes des 10e, 13e et 14e sont gravement endommagées.

Il ne reste plus de mur qu'une faible partie qui est sur le point de corruer.

L'assemblage intérieur des pierres qui composent la maçonnerie de l'Aqueduc ne présente aucune disposition extraordinaire, elle est établie comme la maçonnerie usitée actuellement. Le mortier qui la lie est semblable à celui dont on se sert encore dans le pays, il se compose de chaux grasse de Montchaton et de sable graniteux, pris dans les carrières voisines. Toutes les pierres, même celles qui ont été taillées à la pointe du marteau et qui forment des parements extérieurs, ont été extraites des carrières du voisinage. Nous n'avons trouvé aucune différence entre la maçonnerie des arcades à plein cintre et celles des arcades ogivales.

Elle ne nous a présenté, dans aucune de ses parties, ce caractère de solidité et de dureté qu'a bien voulu lui attribuer l'auteur d'un Mémoire inséré dans l'Annuaire de la Manche.

L'eau qui alimentait les fontaines de Coutances prenait sa source dans une pièce appelée les Closages; elle était recueillie dans un regard souterrain situé à trois mètres de profondeur qui a été découvert récemment. La source est recouverte d'une voûte en pierre, et de ce premier regard partent deux canaux parallèles se dirigeant vers un second regard situé à 196 mètres de distance du premier. Ce second regard est établi dans une pièce de terre nommée la Chapelle appartenant à M. Lemarié. Il a 4 mètres 50 de longueur sur 4 mètres de largeur. Il est situé à la naissance d'un vallon d'où les eaux après avoir suivi pendant un certain espace ce vallon entraient sous terre pour se diriger vers l'Ecoulanderie d'où elles allaient en droite ligne à l'Aqueduc. De là, elles passaient à travers la Croute-aux-Moines, traversaient le monastère des Dominicains (actuellement le Grand-Séminaire), où un regard était établi, et un doigt d'eau réservé à ce monastère. De là, elles arrivaient en face du portail de la Cathédrale, où a été longtemps l'unique fontaine de la ville.

Tout nous porte à penser que c'est à la suite de la grande réparation, qui se termina en 1595, que les eaux furent conduites à la chapelle St-Maur, pour le quartier St-Nicolas, et dans la rue de la Filanderie, pour le quartier St-Pierre. Ce n'est qu'en 1686 qu'une quatrième fontaine fut établie dans le Palais épiscopal,

La ville de Coutances qui n'a que des puits donnant des eaux médiocres et peu abondantes a un extrême besoin de fontaines coulantes.

Grâce à la générosité d'un de ses riches habitants, M. Dancel-Dutot, elle n'a pas dû songer à relever son vieux monument qui n'eût amené qu'une seule source dans son sein, mais elle y a fait venir des hauteurs de Monthuchon et de Cambernon des ruisseaux qui lui donnent de l'eau en abondance.

Après plus de cent ans d'interruption, elle a retrouvé

dans cette libéralité un avantage dont elle a joui pendant près de 600 ans.

L'ancien Aqueduc va rester ce qu'il est depuis près d'un siècle, une ruine fort intéressante qui produit un effet très-pittoresque dans la délicieuse vallée qu'elle traverse. La ville tiendra d'autant plus à conserver ce monument qu'il est rappelé dans son blason. En effet, trois piliers sont figurés dans son écusson. L'Aqueduc était connu sous le nom des Piliers, et c'est certainement à cause de lui que la ville a pris des Piliers dans ses armes. Il est classé parmi les monuments historiques, et l'administration supérieure ne tiendra pas moins à sa conservation que la ville de Coutances.

Quand on a posé dans les rues de Coutances les tuyaux du nouvel Aqueduc et plus tard la conduite du gaz, on a découvert beaucoup de canaux en terre cuite, de Ger et de Vindefontaine, suivant les conduites d'eau indiquées dans mon Mémoire, et une autre qui se dirigeait, en passant par la rue Milon, vers le couvent des Capucins, aujourd'hui la Halle aux grains.

Les travaux de la route d'Agon ont apporté beaucoup de remblais contre l'Aqueduc. Du côté du sud on a établi un jardin sur ces remblais, et il en est résulté que les racines du lierre qui croissait autour du monument, ayant rencontré un terrain bien engraissé, le lierre a pris un tel développement que la maçonnerie a à peu près disparu sous son feuillage.

La ruine n'en est que plus pittoresque, mais on ne voit plus ni l'inscription ni les armes des Paisnel.

Dernièrement M. Lemarié, ayant fait relever et remplacer tous les tuyaux depuis le premier regard jusqu'à son domaine de l'Ecoulanderie, j'ai parcouru toute cette conduite d'eau remontant jusqu'à la fondation de l'aqueduc;

N'ayant pas rencontré même un fragment de poterie antique dans cette partie de l'aqueduc, qui n'a pas subi de changement depuis l'établissement de ce monument, j'en ai conclu, dans un mémoire que j'ai lu à la Sorbonne cette année sans rencontrer de contradicteurs, que les Romains n'ont pas construit d'aqueduc à Coutances.

LA CATHÉDRALE DE COUTANCES

A quelle époque remonte la construction de cet admirable monument dans lequel l'architecture déployant fièrement ses plus sublimes beautés se passe presque entièrement de ses compagnes fidèles la sculpture et la peinture, dont l'ornementation est due à la pureté des lignes, à la hardiesse, à la gracieuse courbure des voûtes et de leurs arêtes, à une décoration à la fois élégante, sévère et sobre qui ne permet d'y placer ni un tableau ni même une statue sans nuire à l'harmonie architecturale de cette magnifique basilique. On peut dire que malgré les travaux de beaucoup d'hommes éminents parmi lesquels on compte des célébrités tels que MM. Vitet, de Caumont, de Gerville, Violet-Leduc, Mgr Delamare, *adhuc sub judice lis est* (la cause n'est pas encore jugée.

On a dit qu'il y a quelqu'un qui a plus d'esprit que Voltaire et Cicéron et que ce quelqu'un c'est tout le monde. Il paraît qu'il en est de même pour le talent de l'architecte que pour l'esprit, qu'il y a un architecte qui a plus de talent que Michel-Ange, Perrault, Violet-Leduc et Vitruve ; ce sont les architectes de toutes les époques réunis et restaurant avec une rare intelligence un monument religieux sans modifier d'une manière sensible le plan primitif de l'édifice dont ils ont fait un chef-d'œuvre.

Cette Cathédrale, qui semble, tant elle paraît homogène et harmonieuse, ne pouvoir être l'œuvre que d'un seul artiste, a été retouchée, remaniée restaurée et presque reconstruite de siècle en siècle depuis sa fondation par les évêques Robert et Geoffroy de Montbray dans le onzième siècle ; tous les antiquaires ont eu raison en partie quand ils ont attribué la date de sa construction au XIe, au XIIe, au XVe siècles. Peut-être en est-il de même de ceux qui l'attribuent au XIIIe siècle ce qui n'est pas prouvé par des titres authentiques comme les autres restaurations.

L'intérieur des tours pyramidales élevées au-dessus du portail est roman jusqu'à la naissance des pyramides et par conséquent doit être l'œuvre du fondateur de la Cathédrale. On y remarque de l'*opus spicatum* (arête de poisson) et de voûtes romanes dans lesquelles on a encadré après coup des voûtes ogivales.

On trouve encore des traces de cette époque dans les piliers de la nef qui sont évidemment depuis leur base jusqu'aux chapiteaux de construction romane. On voit aussi une porte romane dans le mur sud de la grande nef près de l'orgue.

J'avais dit dans mes précédents mémoires que depuis le tremblement de terre qui avait gravement endommagé la Cathédrale peu de temps avant la mort de Geoffroy de Montbray qui avait réparé le mal causé alors, il ne s'était pas passé d'événement qui eût pu faire tomber le monument en ruines et en rendre la restauration nécessaire avant le siége de 1356 constaté ainsi que la ruine de la Cathédrale par une charte authentique de 1402.

Je prétendais que la restauration dont on voyait des traces ne pouvait avoir eu lieu qu'après ce siége. Suivant ma méthode qui m'a si bien servi pour l'Aqueduc je me tenais fermement appuyé sur une charte authentique.

Je n'étais pas loin de la vérité qui commence à se faire.

On trouve en effet des traces de cette restauration même dans les hautes parties du chœur que l'on considère généralement comme le spécimen le plus pur de l'architecture du XIII° siècle.

Pour faire servir dans cette restauration des vitraux plus anciens qu'elle et qui suivant M. l'abbé Pigeon sont du XIII° siècle, on en a supprimé une partie. Au bas des fenêtres les personnages ont été coupés jusqu'à la ceinture, les croisées nouvelles étant moins hautes que les anciennes. On trouve aussi des traces de cette restauration dans les voûtes du chœur. Le chapitre qui avait contribué pour beaucoup à cette réparation y avait placé ses armes.

Le grand portail est du XIV° siècle, il en est de même des chapelles au nord de la nef.

Les chapelles au sud de cette nef sont récentes. Il y en a du XV° et même du XVI° siècles, quant au dôme il peut appartenir au XIII° comme au XIV° siècle; mais il est incontestable que la partie supérieure à sa voûte, a été restaurée par Geffroy-Herbert au XVI° siècle. Cet evêque voulait le terminer en pyramide comme les autres clochers de la Cathédrale, et il avait commencé ce travail sur une hauteur d'environ 2 mètres. En souvenir de ces réparations il fit placer ses armes sur une des croisées de cette tour.

Le portail latéral sud ayant été démoli par la chute d'une

tourelle en 1650 a été refait à neuf par Claude Auvry dont on voit les armes à la voûte.

Ce Claude Auvry après avoir administré le diocèse pendant quelques années fut nommé trésorier de la Sainte-Chapelle et c'est le principal héros du lutrin de Boileau.

La chapelle de derrière le chœur qu'on appelle la Cerclée n'a pas été comme on le croit généralement reconstruite complètement par Silvestre de la Cervelle, elle a été simplement restaurée par cet évêque au XIVe siècle.

La pyramide du clocher sud a été reconstruite en 1845 par M. Doisnard, architecte du département de la Manche.

Pour bien apprécier la beauté de ce monument, il faut se placer au transept près de la grille du chœur et quand on monte au dôme s'arrêter à la galerie située au-dessus du maître-autel. On a de là une ravissante perspective du chœur et de la nef, et d'une partie du dôme.

Il faut aussi quand on est à la première galerie du dôme regarder le chœur au-dessus duquel on est placé, on se croirait en ballon tant les galeries surplombent les piliers qui soutiennent le dôme.

Il faut examiner les deux sacristies de la cathédrale qui sont deux charmantes chapelles, et auprès de la sacristie nord le tombeau d'Algare, évêque au XIIe siècle, sur lequel repose la statue de cet évêque dont la tête coupée pendant la révolution a été refaite et replacée récemment. Le reste de la statue qui a été respecté par les iconoclastes révolutionnaires, représente cet évêque en costume épiscopal. C'est évidemment une œuvre du XIIe siècle.

Il faut aussi voir avec attention la peinture murale de la chapelle saint Joseph, dernièrement restaurée, qui représente le Sire et la Dame de Chiffrevast. Cette peinture est de 1384.

On s'arrêtera aussi à la porte légendaire de St Lo dans

le clocher nord, sur le seuil de laquelle les évêques en prenant possession de leur diocèse devaient prêter à genoux et nu-pieds le serment épiscopal. Elle ne devait se rouvrir que pour leur enterrement. J'ai déjà vu trois évêques entrer par cette porte et y rentrer pour ne plus sortir de la cathédrale où ils ont été enterrés : Mgr Dupont dans le chœur, Mgr Daniel et Mgr Robiou dans la chapelle de derrière le chœur.

A l'extérieur, pour bien voir l'abside, il faut se placer sur le perron de l'évêché. Pour saisir l'ensemble du portail s'harmonisant merveilleusement avec la tour centrale, il faut se placer dans l'axe du monument à la partie de la rue Daniel qui se confond avec la place Notre-Dame.

Les antiquaires qui voudraient constater par eux-mêmes les vestiges de la cathédrale romane qu'on remarque dans les deux clochers devront y monter soit par l'escalier des cloches soit par celui des orgues.

On portera aussi son attention sur les vitraux du pourtour du chœur en partie restaurés et sur ceux des galeries supérieures du chœur et du transept. Il y en a beaucoup de très-anciens.

Du haut de la tour centrale on a une délicieuse vue sur la ville et les environs. On aperçoit à l'ouest et au sud-ouest Regnéville, Chausey, Jersey, les Minquiers et par un temps très-clair Granville et les environs de Dol et de Cancale, département d'Ille-et-Villaine.

A l'est on voit les collines du Calvados appelées les buttes de Caumont.

Voici les dimensions de la Cathédrale de Coutances qu'a bien voulu me donner M. Berard, architecte diocésain, qui se propose de publier bientôt une iconographie de ce monument.

La longueur intérieure est de 95 mètres 17 centimètres, la largeur de la nef y compris les chapelles de 34 mètres.

Hauteur des tours depuis le pavé de l'église jusqu'à la naissance de la pyramide . . . 44 m. 25

Pyramide 30   10   } 77 m. 40

Croix en fer. 3   05

Tour élevée sur le transept nommée le plomb, jusqu'à l'arête de la corniche supérieure 50   45   } 57 m. 45

Hauteur du toit et du paratonnerre, environ. 7

La cathédrale offre l'image d'une croix ; le transept qui est formé en grande partie par le dôme, dépasse de très-peu les nefs et le pourtour du chœur, et encore faut-il comprendre la sacristie dans sa saillie extérieure.

La nef principale a des bas-côtés qui se prolongent autour de l'hémicycle du chœur où ils deviennent doubles, elle est en outre ornée, de chaque côté, par six chapelles dont les sculptures, la décoration et la disposition sont, suivant l'expression de M. Violet-Leduc, fort belles et fort rares.

Le chœur présente un rang de quinze arcades ogivales. Il occupe la partie centrale du transept, et se termine par un rond-point que forment cinq arcades, soutenues par des colonnes géminées. Le dôme, appelé le plomb, est appuyé par les arcades qui occupent le centre du transept ; il est de forme octogone et a deux étages.

Au premier, il présente sous chaque face de l'octogone deux ogives ; chaque ogive se divise en deux arcades étroites que sépare une colonnette. Les arceaux de la voûte retombent au second étage sur de petites colonnes, et à l'extérieur les cannelures qui ornent la tour du chœur, sont garnies de crochets qui ont la forme d'une fleur épa-

2

nonie. Des galeries règnent autour du chœur, de la nef
principale, du transept et des deux étages du dôme. Le
long du grand comble de la nef, on remarque des arca-
tures divisées en deux ogives. Chaque ogive est elle-même
divisée en deux autres plus petites. Une rosace élégante
remplit l'espace entre l'arcade et la pointe des lancettes.

Dans le chœur et la nef, de belles colonnes s'élancent
d'un seul jet au haut des murs où elles reçoivent les arceaux des voûtes, qui ont à peine quelques centimètres
d'épaisseur; des fleurons décorent le point où s'opère le
croisement des arceaux.

Les moulures, qui sont rares, car l'ornementation consiste surtout dans l'harmonie des lignes, sont exécutées
de main de maître.

L'aplomb des colonnes et colonnettes est parfait, la
maçonnerie est très-soignée. On voit que ce n'est plus la
hache du xɪᵉ siècle, mais les instruments perfectionnés
d'une époque plus récente qui ont passé par-là. Le mortier n'est pas gris comme celui du xɪᵉ siècle, mais blanc
comme celui dont on s'est servi plus tard.

Le maître-autel de la cathédrale a été sculpté de 1755
à 1757, par Antoine Duparc et son fils Raphaël ; ces deux
artistes distingués avaient déjà fait leurs preuves en Italie
où ils s'étaient perfectionnés dans leur art. Les statues de
l'autel, qui sont justement admirées, avaient été modelées
en Italie. Le père et le fils apportèrent ces statues et les
marbres de l'autel de ce pays. Le père mourut dans la
traversée, et ce fut Raphaël qui construisit l'autel.

Le style en est moderne et on regretterait de voir dans
cette basilique aussi homogène un pareil anachronisme,
si ce défaut n'était racheté par la valeur, au point de vue
de l'art, de sa sculpture et par l'ingénieuse combinaison
des marbres les plus précieux qui le composent. On admire

surtout les anges adorateurs dont les figures sont fort belles et la pose très-gracieuse.

Peu s'en fallut qu'il ne fût démoli pendant la Terreur. On enleva deux cartouches parce qu'ils représentaient deux chapeaux d'évêque. On aurait enlevé et détruit les statues si on n'eût trouvé une certaine répugnance de la part des ouvriers pour se livrer à ces actes de vandalisme.

« Les ouvriers, dit Costin dans son rapport du 28 brumaire an III, qu'on a voulu employer pour ôter les statues depuis l'accident arrivé à l'une d'elles, ont montré une répugnance qui pouvait aussi partir de l'attachement qu'ils connaissaient au public pour le monument. Cependant la distribution journalière des subsistances se fait au pied de cet autel, dont l'approche est ouverte de toutes parts ; il est urgent ou d'enlever les statues et les marbres précieux qui se dégradent, ou d'en défendre l'approche par des barres pour prévenir les délits. »

Il est probable que c'est ce dernier parti qui fut adopté, car il semble, par la parfaite conservation du monument, qu'il n'a été l'objet d'aucune mutilation.

Il résulte aussi de ce rapport que la cavalerie de l'armée révolutionnaire, commandée par le général Sepher, avait campé dans la cathédrale de Coutances. On l'accusait même d'y avoir volé un Christ d'ivoire.

L'édifice courut de grands dangers pendant la Terreur. S'il n'avait été destiné alors à servir de magasin à grains, de temple de la Raison, de l'Eternel, de l'Etre-Suprême (car les administrateurs du district lui donnent ces noms divers dans leur correspondance), et si on n'y avait pas établi un théâtre décadaire dans le but de révolutionner et de républicaniser le peuple, il fût peut-être tombé en ruines.

On abattit les statues des Tancrèdes, on démolit les grilles du chœur, on enleva les stalles, les confessionnaux, les portes, les grilles, les autels des chapelles, et les administrateurs du district firent vendre tous ces débris avec les ornements d'église, les statues et les tableaux, le 6 pluviôse an II (1). Le produit de cette vente aux enchères, dont l'original est dans les archives de l'évêché, s'éleva à la faible somme de 3,348 livres, qui fut payé vraisemblablement en assignats. Des objets tels que la statue en marbre de la Vierge, dont la valeur était considérable, furent adjugés à vil prix. Les adjudicataires sont peu nombreux, la plupart sont des hommes connus par leurs excès révolutionnaires. La foi n'était pas perdue et il n'y avait pas foule pour acheter des objets qu'on ne pouvait toucher sans commettre une profanation.

La grille du chœur ne fut pas comprise dans cette vente. Elle fut envoyée à Granville pour être employée à la fabrication d'armes de guerre.

Je lis dans le registre d'ordre, au numéro 415, à la date du 8 messidor an II, que le citoyen Le Gluais, nommé par la municipalité commissaire pour surveiller l'enlèvement de cette grille, ayant réclamé une indemnité pour quatorze jours qu'il avait employés à cette surveillance, le district passa à l'ordre du jour sur sa réclamation, parce qu'il s'agissait de mesures révolutionnaires qu'il avait fait exécuter en sa qualité d'officier municipal. Cette grille pesait 13,000 livres.

Le représentant du peuple Jean-Bon Saint-André, en mission à Coutances, avait décidé que le plomb, servant à

(1) Le procès-verbal d'adjudication en fait foi. Voici son intitulé : Vente de tous les matériaux provenant de la démolition des signes de superstition et du fanatisme existant dans les églises de cette commune ainsi que tous les bancs boiseries, etc.

couvrir le dôme, serait enlevé, déposé dans les arsenaux et remplacé par une couverture en ardoises ou en tuiles.

On avait bien enlevé le plomb, mais on n'avait pas pensé à le remplacer par une autre couverture. La pluie tombait dans la cathédrale, et M. Duhamel, qui depuis fut maire de Coutances, et a rendu de si grands services à la ville, écrivit à cette occasion au district la lettre suivante :

« Coutances, le 28 ventôse an II de la République, une et indivisible.

L'Agent national près la commune de Coutances, aux Administrateurs du Directoire du District de Coutances.

L'édifice national, autrefois appelé cathédrale, forme présentement le dépôt des grains et farines pour l'approvisionnement de notre marché, et partie de cet édifice est consacré aux fêtes publiques et s'appelle présentement Temple de la Raison.

Vous avez fait enlever le plomb qui couvrait la lanterne de cet édifice, en exécutant l'arrêté du représentant du peuple Jean-Bon Saint-André ; mais vous n'avez exécuté cet arrêté que partiellement, puisque vous étiez chargés de remplacer cette couverture par des tuiles ou ardoises, et ce, sous la surveillance de l'administration du département ; vous n'avez pas exécuté cette dernière partie, ce qui cependant est très-urgent, puisque la pluie endommage l'édifice et en même temps les grains qui y sont déposés. Quoique je sois sous votre surveillance, l'intérêt général et le salut public m'imposent le devoir de vous inviter à préposer des ouvriers pour recouvrir la lanterne du Temple dans le plus court délai.

Salut et fraternité.

Signé : DUHAMEL, agent national. »

On doit savoir gré à M. Duhamel d'avoir osé faire cette réclamation. Ces Messieurs ne se souciaient guère de recevoir des avis qu'ils n'avaient pas demandés. Il est à remarquer que M. Duhamel, craignant qu'ils eussent peu de souci de conserver le monument comme une merveille de l'art, insiste sur ce que les grains peuvent être endommagés. La lettre se termine d'ailleurs par une précaution oratoire qui prouve combien il se défiait d'eux.

Les réparations furent entreprises sous la direction du citoyen Charette. Le devis qu'il en dressa est du 18 ventôse An II. La cathédrale fut donc préservée de la ruine, grâce à M. Duhamel qui, continuant à la prendre sous sa protection, empêcha par des manœuvres habiles qu'on ne la convertît en écurie.

Les Administrateurs du District étaient pleins de zèle révolutionnaire; ils se hâtèrent d'interdire au culte la cathédrale de Coutances. Mais les fidèles, qui n'étaient pas à la hauteur de ces Messieurs, fréquentaient peu leurs saturnales et allaient entendre la Messe dans les églises des campagnes voisines. Les Proconsuls se plaignaient de ce mauvais état de l'esprit public, dans leur rapport du 22 ventôse An II, aux représentants Bouret et Fremanger. « Le moment, disaient-ils, est arrivé de fermer les églises de ce District, il faut le saisir; mais nous avons besoin du concours de votre autorité pour que cette révolution s'opère sans accident. Celle de cette commune a constamment été close depuis le séjour du citoyen Bouret dans son sein.

» Les églises des campagnes sont restées églises et sont ouvertes aux prêtres qui continuent d'y célébrer Messe et Vêpres. Cette inégalité fournit aux femmes fanatiques de cette commune, le moyen de tenir *à ce qu'elles traitent de leurs devoirs de religion;* elles se portent en foule les

Dimanches et Fêtes dans les communes environnantes pour y entendre l'office, de là de grands maux, et vous le sentez bien, *rendez-vous par les femmes de ville avec celles des campagnes*, occasion de se parler, de s'exciter et s'entretenir le dégoût pour les principes éternels de la vérité dont la lumière, trop brillante pour leurs faibles yeux, ne sera appréciée que quand les prêtres auront cédé à la raison son influence naturelle. La présence de ces hypocrites fait une telle impression sur les âmes qu'il est à désirer que bientôt l'ignorance et la malveillance soient privées de ce ressort, dont ils ont fait jusqu'ici un usage si perfide. Il serait à désirer que cette mesure fût généralisée pour tous les Districts du Département qui nous avoisinent.

Salut et fraternité. »

Le District avait droit de se plaindre. Le public montrait plus que de l'indifférence pour la nouvelle religion. Il y avait même de sa part dégoût et répulsion. On avait placé une statue de Ste Marthe dans la cathédrale, et on en avait fait la Déesse de la Liberté. On devait faire la génuflexion devant elle et les Bonnets de la Liberté qui surmontaient deux colonnes. Les génuflexions étaient plus nombreuses devant la Déesse de la liberté que devant les Bonnets. La Sainte y prenait plus de part que la Déesse. On pensa pour attirer la population dans le Temple à y établir un théâtre, et le 16 messidor An II de la République, le représentant Le Carpentier décida qu'un théâtre y serait construit.

Voici les motifs principaux de cet arrêté :

« Considérant qu'il importe au Salut des Empires d'élever les mœurs des peuples à leur véritable dignité, que les exemples de la vertu retracés avec la pureté qui lui convient, sous les moyens d'instruction les plus propres à en imprimer l'amour et la pratique, et que l'institution du théâtre proposé parait devoir concourir efficacement au grand œuvre de la régénération morale qui est la tâche la plus digne des talents républicains.

» Autorisons les amateurs patriotes des deux sexes à former, sous la direction du citoyen Nicolle, son interprète auprès de nous, l'établissement désigné ci-dessus.

» La Municipalité de Coutances est chargée de faire construire, dans le Temple de l'Être-Suprême, un théâtre dont les dimensions seront en rapport avec sa destination.

» Les pièces à jouer sur le théâtre décadaire seront choisies parmi celles les plus conformes à l'esprit révolutionnaire et républicain, et les artistes devront être dignes de la tâche qu'ils se proposent par leurs principes, leurs sentiments et leurs mœurs. »

Le maître de chapelle Doche fut chargé, par le même arrêté, de la direction de l'orchestre.

Il est devenu depuis chef d'orchestre et directeur du théâtre du Vaudeville. Il a composé pour ce théâtre de délicieuses mélodies, dont les plus connues sont celles de *Fanchon la Vielleuse*, *Léonide de Surenne*, *les Hussards de Felsheim* et *la Semaine des Amours*, etc.

On se mit à l'œuvre, et les Commissaires du théâtre demandèrent, le 8 thermidor, ainsi qu'il résulte du N° 479 du registre d'ordre, l'autorisation de requérir dans tout le ressort du District, bois, hommes, chevaux et voitures pour construire le théâtre, autorisation qui fut octroyée le même jour.

Il fallait qu'il n'y eût pas foule aux cérémonies de la nouvelle religion pour qu'on pût installer dans la cathédrale un temple, un théâtre et un magasin à grains.

Le Carpentier fut arrêté en 1815, comme régicide, et incarcéré au Mont-Saint-Michel, où il est mort longtemps après. Il mit complaisamment ses talents à la disposition du directeur de la prison. Il s'occupait de la comptabilité, et comme il avait de la voix et connaissait le plain-chant, il chantait au lutrin :

Quantum mutatus ab illo.

Après la Terreur, l'Administration du District, modifiée dans son personnel revint bientôt de ses fureurs dévastatrices contre les monuments.

Voici en effet ce que je lis dans le registre de correspondance, à la date du 6 frimaire An III :

« *L'Administration à l'Agent national de la commune de Coutances.*

« L'Administration, comme tu en es convaincu par l'arrêté qu'on t'en a fait passer, s'était occupée il y a longtemps de la réparation de la lanterne du dôme du Temple ; elle vient de nommer Dufouc pour examiner les morceaux de peinture et de sculpture et les inscriptions qui se trouvent *encore* dans le Temple ; elle a chargé l'ingénieur de nous donner des vues sur la perfection de l'amphithéâtre qui s'y trouve construit et les réparations qu'il faut faire. Aussitôt que le rapport sera fait, l'Administration s'empressera de t'instruire du résultat de ses délibérations. »

Cette lettre était une réponse à M. Duhamel qui profitait d'une éclaircie au milieu de l'orage révolutionnaire pour sauver quelques débris de sculpture ou de peinture, échappés à la fureur des barbares.

J'en vois la preuve évidente dans la lettre adressée pour le même objet à l'Ingénieur. Elle commence ainsi :

» Nous t'envoyons copie de la lettre de l'Agent national de la commune de Coutances, qui présente plusieurs demandes, etc. »

Le lendemain, les Administrateurs, dans une préoccupation artistique, s'inquiétaient de la disparition d'un Christ d'ivoire *d'un ouvrage fini*, disaient-ils, qui existait à l'autel de la chapelle latérale du midi de la ci-devant cathédrale. Les procès-verbaux de vente du mobilier de cette église n'en faisaient point mention, et il ne se trouvait dans aucun magasin du District. On ordonna une information pour le rechercher, et il est probable que c'est celui de la Cour d'Assises qui, après avoir couru des dangers, en temps calme, est placé dans un lieu où la protection de la justice ne peut lui manquer.

Il fallait qu'il se fût produit un grand revirement dans les esprits, puisque le District avait tant de sollicitude pour un objet d'art, *représentant les Images du fanatisme.*

Quand Claude Auvry fit, en 1647, son entrée solennelle à Coutances, dont Hilaire de Morel a écrit le récit dans le style précieux, mythologique et hyperbolique du temps, la cathédrale possédait une tapisserie célèbre qui lui avait été donnée par Geffroy-Herbert. De Morel en fait la description suivante : « Ce fut Geffroy-Herbert qui donna cette tapisserie à haute lice à fond d'or et d'argent dont le chœur de la dicte Église estait paré lors de cette magnifique entrée, qui se consiste en douze pièces où l'histoire des douze travaux d'Hercule est naïvement dépeinte et appropriée à Jésus-Christ, le tout fortifié d'une autorité tirée de l'ancien et nouveau Testament, qui répond à la représentation de chaque pièce, expliquée par un huictain qui se finit à toutes les pièces par ce vers, faisant allusion au nom de la ville de Coutances :

Constance, y a qui le rend invincible.

J'oseray bien dire que Ronsard, le prince des Poëtes, a vu cette peinture, ou en a ouï faire la description, puisque dans son second livre des Hymnes, Hymne deuxième intitulée *Hercules chrétien*, il n'a fait qu'étendre plus au long ce sujet avec les parallèles des deux Hercules. »

Qu'est devenue cette riche tapisserie dans laquelle le sacré et le profane étaient mêlées avec trop d'esprit et si peu de goût ? De 1617 à 1793 il n'y a pas eu de pillage dans la cathédrale : elle devait s'y trouver encore à cette dernière époque. Je ne vois dans le procès-verbal de vente qu'une seule tapisserie qui fut adjugée pour 41 livres. Si c'était celle-là, l'acquéreur aurait fait un bon marché que lui avait sans doute mérité son civisme. Il est bien probable que tel a été le sort de cette œuvre d'art, car Costin et Dufouc n'auraient pas manqué de la réclamer après la Terreur, ainsi qu'ils ont réclamé le Christ d'ivoire, s'ils n'avaient pas connu la destination qui lui avait été donnée. Comme elle contenait de l'or et de l'argent, elle a peut-être disparu dans le creuset national.

Il fallait qu'il n'y eut pas foule aux cérémonies de la religion révolutionnaire qui était déjà passée du culte de l'Etre-Suprême à celui de la raison, et qui devait aller chez les successeurs des hommes de 1793, en 1871, jusqu'au matérialisme le plus immonde et le plus criminel, pour qu'on put amalgamer dans le même édifice un théâtre républicain, un temple de la raison et un magasin à grains.

Malgré les services que rendait à la république ce monument qui avait tant de destinations utiles et agréables malgré les réclamations de M. Duhamel qui demandait qu'on y fit des réparations urgentes, les administrateurs se contentèrent de faire dresser un devis pour ces réparations. L'état du monument devint si mauvais que les voûtes menaçaient ruine en l'an VII et qu'on cessa d'y faire aucune réunion *pour éviter des malheurs irréparables;* enfin deux travées voisines de l'orgue tombèrent en 1800 au milieu d'une nuit ; elles furent refaites peu d'années après. L'entrepreneur qui en exécuta le travail s'appelait Doublet.

Il était temps qu'un gouvernement régulier vint remettre hommes et choses à leur place, autrement notre magnifique basilique serait devenue ce que les révolutionnaires ont fait de l'abbaye de Hambye, une ruine.

Jusqu'à un Mémoire de l'antiquaire anglais Gally Knight, qui parut en 1831, dans le *Bulletin pour la conservation des monuments historiques*, tous les auteurs qui se sont occupés de la cathédrale de Coutances, plaçaient sa construction dans le xie siècle. Ils l'attribuaient à Geoffroy de Montbray, évêque de Coutances, qui l'aurait bâtie en 1056 avec les largesses des Tancrèdes, conquérants de la Calabre, et de son proche parent, Guillaume-le-Conquérant. Toustain de Billy, Daireaux du Vandôme, M. de Gerville, n'ont jamais émis de doutes à ce sujet.

L'antiquaire anglais prétendait que l'origine de cette cathédrale ne pouvait être aussi ancienne; que le style ogival n'avait apparu en France dans toute sa beauté, comme il brille dans ce monument, que plus de deux cents ans après 1056. Il citait à l'appui de son système une charte royale du 15 juillet 1402, dans laquelle il est dit : « qu'à la suite du siège mis devant la cathédrale par Philippe de Navarre et Godefroy d'Harcourt, en 1356, elle était tellement *empirée* et *endommagée* qu'elle était *en voie de choir;* cette charte constate que depuis ce siège elle serait tombée, si l'évêque et les chanoines n'y eussent fait faire de grands *amendements et réparations.* » Il partait de là pour soutenir que la cathédrale avait été rebâtie entre 1372 et 1402, sur les fondations de l'ancienne, et que cette basilique, dont le style est celui qui fut en usage dans la fin du xive siècle et le commencement du xve, es l'œuvre de Silvestre de la Cervelle et ses successeurs, Nicolas de Tholon et Guillaume de Crèvecœur.

« Si le mal était si sérieux, dit-il, nul doute que le

réparations et les changements opérés afin d'y porter re-
mède n'aient été assez considérables pour expliquer la
disparition de toute trace du travail primitif, si toutefois
il en restait encore. »

D'autres antiquaires, sans se préoccuper des événements qui ont pu faire tomber la cathédrale de Geoffroy
de Montbray en ruines, ni des titres et documents historiques qui la concernent, et ne portant leur attention que
sur le monument, ont, par l'analogie de son style avec
celui d'autres cathédrales construites dans le XIIIᵉ siècle,
placé sa fondation dans ce siècle.

Ces opinions firent de rapides progrès parmi les antiquaires et prévalurent, malgré l'unanimité des écrivains
antérieurs pour faire remonter cet édifice à Geoffroy de
Montbray.

Dans un Mémoire plein de monuments écrits et d'une
discussion serrée, Mgr Delamare a entrepris, en 1841, de
prouver que la cathédrale de Geoffroy de Montbray n'a
jamais été démolie et que c'est bien encore celle que
nous admirons aujourd'hui. Cette assertion, qui est ap-
puyée sur des titres, semble au premier abord fondée,
et il est difficile de répondre à cette partie de l'argumen-
tation.

Celle qui tend à prouver que l'ogive a pu être employée
d'une manière aussi merveilleuse dans cette partie de la
Normandie, pendant que le plein cintre régnait en maître
dans tous les édifices contemporains, et que ce chef-
d'œuvre a été plus de 300 ans à attendre des imitations, me
semble plus faible.

La thèse soutenue par Mgr Delamare paraît assez bien
établie quand on discute les textes qu'il cite. Je ne crois
pourtant pas qu'elle soit sans réplique ; car, je dois l'avouer,
si j'admire l'habileté du dialecticien, je ne puis pas, plus

que les autres antiquaires, partager sa conviction, même en étudiant les titres comme lui.

En 1293, Robert d'Harcourt, alors évêque de Coutances, demanda au roi l'autorisation de fortifier sa cathédrale et l'enceinte des chanoines; la charte de 1402 constate que la cathédrale était *forte*.

Il est d'ailleurs certain que pendant le siége de 1356 ce fut dans la cathédrale même que les assiégés se défendirent et que les machines de guerre furent toutes dirigées contre elle.

Il suffit de voir la cathédrale actuelle pour être convaincu que si c'était celle-là qui existait en 1293, il était impossible d'en faire une forteresse. Elle est percée à jour partout, presque entièrement portée sur des colonnes, les murailles extérieures ont plus de vide que de plein. C'eût été une folie de penser à en faire un château-fort; une plus grande encore de chercher à s'y défendre ; et pourtant la garnison de Coutances y soutint, en 1356, un siége avec succès; les assiégeants furent obligés de se retirer. Il est vrai qu'une armée vint au secours des assiégés, mais ils tenaient depuis longtemps quand ce secours leur arriva.

Comment croire que de tels événements aient pu se passer dans la cathédrale actuelle ? Celle qui a subi un siége a dû être construite massivement, comme l'église de Lessay et celle de St-Etienne de Caen, ses contemporaines. Voilà pourquoi elle a été fortifiée, voilà pourquoi elle a pu soutenir un siége.

Une nouvelle église a été bâtie sur les fondations de l'ancienne, par Sylvestre de la Cervelle, et si la charte de 1402, en parlant de ce travail, ne se sert que des expressions *amendements* et *grandes réparations*, c'est que les évêques qui tenaient à la perpétuité de leur siége et de leur église, ont dû la considérer comme existant encore, tant qu'ils ont pu en édifier une nouvelle sur les débris de l'ancienne. D'ailleurs dans le moyen âge on ne considérait que comme des réparations, la construction d'un nouvel édifice, tant qu'on pouvait se servir des fondations de l'ancien pour l'établir. Après la démolition de l'aqueduc de Coutances par les Huguenots, on a reconstruit entièrement les nombreuses arcades en ogive qui existent encore. Ce travail, qui était une véritable reconstruction, n'est appelé dans les titres qu'une réparation.

M. Le Cocq, professeur d'anglais au lycée de Coutances, et numismate distingué, a eu la patience de lire, autant qu'il a pu le faire, les inscriptions gravées au couteau sur les murs intérieurs ou extérieurs de la cathédrale par les enfants et les ouvriers qui ont eu de tout temps l'habitude de mettre la date avec leur nom. Il n'a pas trouvé de date remontant au delà de 1400. Il est probable que ce n'est pas depuis ce siècle seulement que les enfants ont eu l'habitude d'inscrire leurs noms sur les murailles, et si l'on n'en trouve pas d'inscrits dans la cathédrale avant 1400, c'est qu'elle n'a été bâtie que depuis cette époque. L'argument a d'autant plus de force que l'on sait que c'est dans le moment de sa fraîcheur qu'un monument est le plus exposé aux inscriptions des enfants et des ouvriers.

Faut-il conclure que, de l'unanimité des auteurs qui ont écrit sur la cathédrale dans le xviie et le xviiie siècles, à placer sa construction dans le xie siècle, il résulte la preuve complète de la vérité de leur assertion? On sait comment se propagent les erreurs historiques ; le premier historien qui raconte un fait commet une erreur, ceux qui le suivent ne soumettent pas ce fait à la critique historique et le répètent comme le premier qui l'a raconté. C'est ce qui est arrivé pour l'aqueduc de Coutances ; on a commis, même pour une date inscrite en chiffres arabes sur le monument, une erreur de quatre siècles; cette erreur a été faite par M. de Gerville même. Pourquoi les antiquaires ne se seraient-ils pas trompés aussi pour la cathédrale ?

Doit-on s'étonner de ce que cette erreur ait été découverte à une époque où l'archéologie est devenue, par le soin qu'on a mis à discuter les documents de toute nature qui lui servent de base, une science pour ainsi dire exacte ?

Mgr Delamare appuie son système aussi sur la description de la cathédrale par un auteur contemporain de Geoffroy de Montbray qui peut s'appliquer à la cathédrale actuelle. Il est dit, dans cette description, qu'elle avait trois tours, une au milieu et deux au portail. Mais on ne dit pas que la tour du milieu fût creuse, de manière que cette description pourrait aussi bien convenir à l'église de St-Étienne de Caen, dont la tour centrale est pleine, qu'à celle de Coutances.

Pourquoi cet admirable monument aurait-il duré plus de trois siècles sans qu'aucun architecte eût pensé à l'imiter ? C'est à mon avis l'argument le plus fort en faveur de la restauration générale de la cathédrale à une époque plus récente que le XIᵉ siècle. On ne comprend pas, en effet, comment un pareil chef-d'œuvre serait resté trois siècles comme un oasis au milieu du désert, sans que les artistes l'aient adopté pour modèle. Si on ne l'a pas imité c'est qu'il n'existait pas, et si on admet que la cathédrale n'a été reconstruite telle qu'elle est que de 1372 à 1409, loin d'avoir dans ce système une pareille anomalie à expliquer, on trouvera, au contraire, dans les imitations de ce monument qui ont eu lieu aussitôt qu'on a eu à construire depuis cette dernière époque des églises dans son voisinage, une preuve que ce système est fondé.

Non-seulement dans les églises qui ont été bâties à Coutances depuis le xvᵉ siècle on a adopté le style ogival, mais on a reproduit la tour creuse du milieu du transept.

L'artiste qui a fait le plan de l'église St-Pierre, commencée en 1494, celui qui a bâti l'église St-Nicolas, construite en 1621, ont voulu reproduire, autant que leurs ressources le permirent, le plan de la cathédrale.

L'église de l'abbaye de Saint-Sever, qui était du diocèse de Coutances, est aussi une imitation de la cathédrale. Nous ajouterons encore que la maçonnerie est traitée avec beaucoup plus de soin dans la cathédrale de Coutances que dans les monuments du xiᵉ siècle. Les forces y sont mieux pondérées, le fer et le plomb y sont employés avec une plus grande habileté, les moulures sont beaucoup mieux sculptées, les joints des pierres sont tirés avec plus de soin, et on ne rencontre, dans aucune de ses parties, de la maçonnerie en arête de poisson. Il est évident qu'elle appartient à une époque où l'art de bâtir était plus perfectionné que dans ce siècle.

Pour donner plus de poids à son opinion, Mgr Delamare fait naître l'ogive en Orient d'une imitation du style arabe. Elle y a été, au contraire, importée par les croisés ; c'est ce qu'a démontré M. de Vogué dans son ouvrage qui a été couronné en 1860, par l'Académie des inscriptions et belles-lettres.

Voilà ce qui peut se dire en faveur de l'opinion qui place la construction de la cathédrale dans le xivᵉ siècle, opinion que nous adoptons sans nous dissimuler toutefois combien a de poids celle de Mgr Delamare, quand on ne consulte que les textes.

Si, depuis la publication de la première édition de ce livre, on m'a loué d'avoir donné de nouveaux arguments à l'opinion contraire à la construction totale de la cathédrale ac-

tuelle, dans le XI° siècle, on m'a reproché de n'avoir pas
exactement suivi l'opinion adoptée par les archéologues,
dont les uns placent sa construction dans le XIII° siècle et
les autres à la fois dans le XIII° et le XIV°, on m'a dit que je
suis un novateur, on m'a prié de réfléchir et de revenir sur
ce qu'on appelle une hérésie archéologique.

J'ai mûrement réfléchi ; j'ai de nouveau examiné le monument, les inscriptions de ses murailles, les chartes qui
le concernent, et je n'ai trouvé dans cet examen que le
maintien de ma conviction et le regret de me séparer sur
un point peu important, il est vrai, de quelques archéologues. Appelé à me prononcer sur la question, obligé de
formuler une opinion, je ne présenterais pas la mienne
comme incontestable, mais comme la plus vraisemblable,
eu égard aux documents archéologiques et historiques que
nous possédons.

Je ne m'arrêterai pas à discuter le système de l'antiquaire Gally Knight qui démolit la cathédrale de Geoffroy
de Montbray avec le siége de Godefroy d'Harcourt, avec
ses engins de guerre au XIV° siècle, et fait reconstruire le
chœur et le dôme par Jean d'Essey, au XIII° siècle. Il y a
dans cette opinion une contradiction chronologique inex-
plicable. On pourrait croire que cet antiquaire ne connaissait pas encore le siége de 1358, quand il a écrit que
ces parties du monument ont pu être construites par Jean
d'Essey, si ces deux opinions ainsi contraires ne se trou-
vaient pas dans le même Mémoire. Il ne présente du reste
la dernière que comme une hypothèse qu'il appuie sur ce
que cet évêque a été enterré dans le chœur de l'église.

En lisant attentivement le Mémoire de Mgr Delamare,
on verra qu'il n'est pas d'époque pendant laquelle il ait
fourni plus d'arguments pour établir la conservation de la
cathédrale de Geoffroy de Montbray que le XIII° siècle.

Sous l'épiscopat de Hugues de Morville, si fécond en fondations de toute sorte, il la suit pour ainsi dire jour par jour au moyen de chartes établissant des fondations pour cet édifice.

Il cite une visite de la cathédrale, par Odon ou Eudes Rigaut, archevêque de Rouen, qui eut lieu un an avant l'élection de Jean d'Essey, en 1250, dans le procès-verbal de laquelle il n'est nullement parlé de l'état de ruine ou de la reconstruction de la cathédrale, et pourtant la visite fut minutieuse. Le prélat se plaignit de la manière dont les chanoines se tenaient dans le chœur, du peu de soin qu'ils donnaient à la propreté des ornements. Si, en s'occupant de pareils détails, il ne parle pas du monument, c'est qu'il était en bon état.

Mgr Delamare cite aussi une copie écrite dans le commencement du xvᵉ siècle, d'un *Ordo* de 1269 qui parle de beaucoup d'événements locaux et ne dit rien de la construction de la cathédrale.

Lorsqu'en 1293 Robert d'Harcourt, évêque de Coutances, demanda à Philippe-le-Bel l'autorisation de fortifier sa cathédrale, il ne fit pas mention dans sa requête de sa récente reconstruction. C'était pourtant un motif puissant à faire valoir auprès du roi pour mettre le monument à l'abri des atteintes de l'ennemi.

Dans le xivᵉ siècle, au contraire, il se passe un événement, dont pour le besoin des opinions qui placent la construction de cet édifice dans le xiiiᵉ siècle, on a pu diminuer l'importance et qui est néanmoins très-grave. C'est le siége de la cathédrale par une armée munie de machines de guerre et sa défense par une garnison nombreuse, dévouée et énergique. On dira peut-être que les engins de guerre employés à cette époque où on ne connaissait pas le canon n'avaient aucune puissance. Quand on a vu dans les vieux châteaux-forts du moyen-âge ces énormes boulets de granit que lançaient fort loin les catapultes et les balistes, on ne peut s'empêcher de reconnaître que le poids seul de ces blocs de pierre, dont quelques-uns, suivant M. Violet-Leduc, pesaient plus de 200 livres, tombant de quelques mètres de hauteur aurait suffi pour rompre les voûtes et écraser les murailles si légères de la cathédrale actuelle.

Il est constaté non-seulement par des récits historiques, mais encore par des chartes authentiques qu'elle était sur le point de choir en ruines à la suite de ce siége. Comme il ne s'est passé entre la construction de la cathédrale par Geoffroy de Montbray et ce siége aucun événement qui ait pu la mettre en un si triste état, il faut nécessairement admettre que la cathédrale actuelle est celle de Geoffroy de Montbray, ou qu'elle est postérieure au siége de Godefroy d'Harcourt. Voilà ce qu'enseignent la saine logique et la critique historique.

On se rejette sur le peu d'ornementation des ogives pour dire qu'elles n'ont pu être établies dans un siècle où elles étaient généralement couvertes de sculptures; mais la valeur des sculptures peu nombreuses qui les décorent, prouve qu'elles ont été modelées à une époque dans laquelle cet art était très-usité et très-perfectionné. Pourquoi ne pas attribuer cette sobriété d'ornements au génie sublime de l'architecte qui a voulu que son œuvre fût belle surtout par la pureté et par l'harmonie des lignes.

Tout ce qu'on peut induire du style du monument, de la forme, de la décoration de ses ogives, de la perfection des sculptures et de la maçonnerie, c'est qu'il n'a pu être construit avant le xiiie siècle, époque à laquelle dominait le style ogival dit gothique; mais ce n'est pas un motif pour affirmer qu'il a été nécessairement construit dans ce siècle et non dans un siècle postérieur. L'ogive n'a pas commencé et fini dans cet intervalle de temps. J'en trouverais la preuve à quelques pas de la cathédrale même, dans l'église St-Nicolas. Qu'un antiquaire examine avec soin le chœur et le rond-point de cette église, sans se préoccuper des titres et des inscriptions. Il n'hésitera pas à placer la fondation de cet édifice dans le xiii° siècle, et pourtant ils sont du xvii° siècle; les inscriptions gravées sur les murs et les titres en font foi, ainsi qu'on le verra plus loin.

En résumé, on peut, d'après le style d'un monument, affirmer qu'il n'est pas antérieur à l'époque où ce style a commencé à être en usage; mais on n'a pas le droit d'en conclure qu'il appartient nécessairement au siècle dans lequel ce style a été le plus florissant. Il faut bien laisser aux artistes le droit d'imprimer le cachet de leur individualité à leurs œuvres. Il faut aussi admettre que la modification du style ogival primitif ne s'est pas opérée tout d'un coup ; son temps n'était pas encore fini en 1372; on a pu, d'ailleurs, l'imiter après qu'il a eu cessé d'être en vogue. C'est ce qui est arrivé pour l'église de Saint-Nicolas.

J'ai déjà dit que les plus anciennes inscriptions au couteau qui se trouvent sur les murs de l'édifice ne dépassent pas 1400. J'ai relevé les inscriptions tombales incrustées dans les murailles et portant date. Les deux plus anciennes qui sont enchâssées dans la maçonnerie du portail nord sont du xv° siècle.

La plus vieille peinture murale qui décore les murailles, celle qui représente la dame et le seigneur de Chiffrevast et qui est placée dans le bas-côté sud du chœur, partie de l'église dont l'ancienneté n'est pas contestée, est de 1384.

Des inscriptions sans date attestant la dotation de deux chapelles au nord de la nef, par Jean d'Essey, sont composées de caractères cursifs appartenant, d'après l'Abécédaire archéologique de M. de Caumont, à la seconde moitié du xiv⁰ siècle. Ces chapelles avaient été dotées par cet évêque le 10 août 1274. En les reconstruisant plus tard, on a conservé, par une inscription le souvenir de ce bienfait consistant en une somme de 15 livres tournois qui était payée annuellement aux chapelains.

Le style du xiv⁰ siècle différait si peu de celui du xiii⁰, que M. de Caumont donne, dans son Abécédaire archéologique, comme spécimen du style ogival secondaire la tour de l'église de Vierville (Calvados), qui est presque identique avec celle de Coutances, par sa forme, la simplicité des ornements, l'arcature des ogives et le style des clochetons.

J'en conclus avec cet antiquaire qu'il est fort difficile d'établir des différences bien précises entre l'architecture du xiii⁰ siècle et celle du xiv⁰.

M. Didier, architecte à Saint-Lo, a repris l'opinion de Mgr Delamare. Il a prétendu que l'ogive fit irruption tout d'un coup à Coutances comme le plein cintre à Rome dans l'antiquité et que la cathédrale est à peu près en entier, et telle qu'elle est, l'œuvre de Geoffroy de Montbray. Il y a une réponse péremptoire à lui faire. Les parties romanes de l'édifice appartiendraient donc à une époque plus ancienne que celle ou vivait cet évêque. Or il est hors de doute qu'il a construit une cathédrale neuve, celle qui existait avant l'invasion des Normands ayant été détruite par eux de fond en comble. Les parties les plus anciennes de l'édifice ne peuvent donc appartenir qu'à la cathédrale qu'il a bâtie.

EGLISE SAINT-NICOLAS

On peut reconnaître, quand on examine avec attention cette église et que l'on a consulté les titres authentiques qui la concernent, combien il est périlleux de se placer au point de vue unique de l'appréciation de l'architecture pour déterminer la date de la construction d'un monument religieux.

Un archéologue qui a suivi ce système a écrit : « L'église St-Nicolas est en grande partie du xiv° siècle, et, sauf les additions et les reconstructions, elle appartient à l'époque de notre ogival secondaire elle a la forme d'une croix ; elle se compose d'une nef principale, de bas-côtés qui rayonnent autour du chœur, et de deux chapelles qui forment une nef transversale.

» Le chœur, la nef principale et une partie aussi des chapelles sont du xiv° siècle. Les détails architectoniques, le galbe du feuillage, et le genre des moulures sont caractéristiques de cette époque. »

Les bas-côtés de la nef sont du xv° siècle peut-être même du commencement du xvi°. »

Autant d'erreurs.

Nous savons positivement qu'avant 1241 l'office se célébrait pour les paroissiens de Saint-Nicolas dans une des chapelles de la cathédrale, qu'à la suite d'une transaction intervenue à cette époque entre le chapitre et les paroissiens de Saint-Nicolas. On construisit une chapelle dont il ne reste plus que le portail et la muraille qui sert de pignon à l'église actuelle, que cette chapelle fut démolie par les Huguenots en 1563. Elle fut reconstruite quelques années après. Cette reconstruction est la nef principale d'aujourd'hui, qui appartient au style de la renaissance dont l'église Saint-Pierre est un spécimen parfait. Quand en 1620, 1621 et 1622 on agrandit cette église par la construction du chœur et des bas-côtés qui l'entourent, on eut la pensée d'imiter la cathédrale, on continua ce plan dans tout ce que l'on ajouta plus tard à cette église. Il en résulta que si la nef principale est du xvie siècle, les bas-côtés, ajoutés après coup, et l'étage superposé aux premiers arceaux de la nef rappellent parfaitement le style de la cathédrale, dont on a même servilement, mais assez grossièrement reproduit les moulures et les sculptures dans les chapiteaux des colonettes.

Si nous n'avions pas de titres pour nous guider dans la détermination de l'époque de tous ces travaux; nous serions obligés, en suivant les données architecturales, d'arriver à cette conclusion absurde que l'étage supérieur de la nef est de trois siècles plus vieux que l'étage inférieur.

Les travaux qu'on vient d'exécuter sont bien faits aussi pour dérouter à l'avenir les antiquaires. On pourra attribuer avec vraisemblance les piliers du dôme et sa galerie au xiiie ou au xive siècle, tandis que le dôme est de 1720 et la galerie de 1873.

En vérité, plus j'étudie les monuments religieux, plus je suis réservé pour émettre des opinions tranchées à leur sujet, à moins que je ne m'appuie sur des titres et des inscriptions.

Cette église qui contient trois bons tableaux, un Christ de Gomez, un saint Sébastien, un saint Côme, de Bichue, une très-rare statue en marbre de la Vierge, du xive siècle, vient d'être restaurée avec infiniment de goût par les soins de la fabrique, de M. le curé Lemoine et de M. Le-huby, entrepreneur.

Elle est devenue à l'intérieur un véritable bijou d'archi-tecture religieuse.

Si la partie la plus ancienne du monument, la nef, n'était pas du style flamboyant, différant de l'ensemble du monument, cette église serait une imitation parfaite du style qui a eu son plus grand éclat dans les XIII° et XIV° siècles.

Il n'en est pas de même à l'extérieur. Le dôme manque de style, il est d'ailleurs très-disgracieux.

Comment pourrait-on par des remaniements intelligents, des réparations bien entendues, mettre l'extérieur de cette église en rapport avec son joli intérieur.

Ce serait une œuvre difficile, coûteuse et périlleuse. D'abord la maçonnerie actuelle pourrait-elle supporter les flèches pyramidales qui devraient terminer les deux tours, les clochetons qui devraient les orner. Je crois qu'on fera mieux de laisser la chose comme elle est et de réserver aux visiteurs la surprise d'une église ravissante à l'inté-rieur, sous une enveloppe commune et sans valeur archi-tecturale.

L'église a, y compris la chapelle de la Vierge, 63 m. 25 cent. de longueur, de largeur à la nef 14 m. 55 cent. et au transept 24 m. 63.

Elle a servi d'écurie pendant l'époque révolutionnaire.

EGLISE SAINT-PIERRE

Suivant le manuscrit de M. de Mons, l'église St-Pierre est un ouvrage dont on est redevable en partie à Geffroy-Herbert, évêque de Coutances. On croit communément que son zèle fut fortifié par le mécontentement qu'il ressentit contre son chapitre qui ne voulut pas lui permettre de faire à l'église cathédrale les augmentations qu'il projetait, à moins qu'il ne donnât caution, et que pour se venger de cette défiance il porta ses dépenses ailleurs.

Les chapitres n'étaient pas si dociles et les Evêques avaient moins de puissance qu'aujourd'hui. Les patronages des Seigneurs, des Abbayes, des Communautés, restreignaient aussi leurs droits. Ils n'étaient pas comme à présent souverains maîtres du spirituel, et ils avaient plus souvent l'occasion de dire : *Nous voulons*, que : *Je veux*. Geffroy-Herbert n'a pas été le seul à souffrir des défiances et des tracasseries de son chapitre; d'autres Pontifes ont été réduits, par suite des désagréments qu'ils en ont éprouvés et de la peine qu'ils en ont ressentie, à quitter leur siége.

Herbert posa la première pierre de la nouvelle église le 23 avril 1494. Malgré ses libéralités, on eut besoin de secours pour achever cette basilique, on s'en procura en obtenant du pape Alexandre sixième, l'établissement de plusieurs confréries dotées de beaucoup d'indulgences. Je juge par les armes que l'on voit à quelques-unes des arcades des voûtes de la nef, qu'il y a eu des particuliers bien intentionnés qui contribuèrent aux frais du bâtiment.

Le concours d'Alexandre VI, dans la construction de cet édifice, est rappelé par la forme extérieure du dôme qui est une imitation de la tiare.

L'établissement de beaucoup de confréries attira en effet de nombreuses et larges offrandes pour élever cette église.

La longueur intérieure de cette église est de 42 m. 10 c.
Sa largeur de   16   35
Elle est au transept de   24   95

On lui reproche d'être un peu courte pour sa largeur ; ses fondateurs ont été resserrés entre les deux rues principales de la ville, sur lesquelles ils ne pouvaient empiéter. Cette église occupe, en effet, tout l'espace compris entre la rue du Pilori et celle de St-Pierre.

A part ce défaut de proportion qui était inévitable, c'est un des plus gracieux spécimens du style d'architecture, appelé flamboyant. Rien de plus délicat et de plus agréable à l'œil que les moulures et les sculptures de la lanterne qui surmonte la tour du portail et celle du dôme.

Les croisées et les portes sont aussi remarquables par la pureté de leur dessin et le fini de leurs moulures.

Depuis quelques années, la Fabrique, aidée des libéralités du ministre des cultes, a dégagé cette basilique des maisons qui étaient attachées à ses murailles et les masquaient. Elle va s'occuper de l'entretien des couvertures et de la maçonnerie ; elle vient d'obtenir un nouveau secours pour cet objet. M. l'abbé Adeline, curé de cette paroisse, qui aime son église en artiste, dirige et seconde avec une rare intelligence, les efforts de sa fabrique.

On vient de refaire le pavage de l'église et de la nettoyer à l'intérieur. Il est question de terminer la balustrade qui manque dans le transept au moyen de dons des paroissiens.

L'église n'est pas moins belle à l'intérieur qu'à l'extérieur.

Le dôme, qui appartient au style de la renaissance, est soutenu par quatre piliers, dont chacun est formé de quatre grosses colonnes, au milieu desquelles se trouvent autant de colonnettes.

La partie supérieure est éclairée par seize fenêtres et ornée de seize colonnes, surmontées chacune de deux chapiteaux sculptés avec le plus grand soin par des artistes d'un grand mérite. Il est de 1550.

On remarque, quand on monte aux tours, un escalier en pierre à noyau creux, qui est un chef-d'œuvre.

Les vitraux sont nombreux. Datant d'une époque où la peinture était florissante, ils réunissent la beauté de la composition et du dessin à l'éclat des couleurs.

La grille qui entoure le chœur est moderne, il en est de même du maître-autel ; mais on doit savoir gré à la fabrique de les avoir fait établir dans une forme qui se rapporte au style de l'édifice.

La chaire, qui est fort belle, est venue de l'abbaye de la Luzerne, elle a coûté 300 fr., et elle en vaudrait aujourd'hui plus de 3,000.

Parmi les tableaux qui décorent l'église, un seul a du mérite, c'est une *Mater dolorosa*, de Jean-Baptiste Quesnel, de Coutances.

L'orgue, qui a été construit par M. Ménard, facteur d'orgues à Coutances, a 27 jeux, c'est un instrument délicieux. Son volume de son est parfaitement en rapport avec la grandeur de l'édifice, les jeux sont d'un beau timbre, et pas un seul n'est criard, plusieurs sont expressifs ; on ne pouvait mieux réussir, mieux combiner la puissance de l'instrument avec la sonorité de l'église que ne l'a fait cet habile et modeste artiste,

L'église Saint-Pierre, dont l'entretien deviendra de plus en plus onéreux pour sa fabrique, à mesure que cet édifice vieillira, et qu'il faudra faire réparer par d'habiles artistes ses moulures et ses sculptures, a été classée parmi les monuments historiques, le 7 février 1845 ; cette mesure permettra au ministre d'État de venir en aide à cet intéressant monument.

Cette église était sous le patronage des religieux de l'Hôtel-Dieu qui devaient fournir parmi les membres de leur ordre des prêtres pour la desservir. Un d'eux portait le titre de curé de Saint-Pierre. Ils avaient à leur profit les menues dîmes des villages St-Pierre et de la paroisse St-Pierre, que l'on appelait autrefois l'*attalage* ou l'*autelage*.

Sous la *Terreur*, elle a servi de magasin à foin. J'en trouve la preuve dans le registre d'ordre du district au n° 464, ainsi conçu :

« Du 5 thermidor an II, pétition du citoyen Leconte, garde-magasin des fourrages, pour demander un nouvel emplacement pour le logement des foins et pailles, le bâtiment dit *église Pierre* étant insuffisant et celui des ci-devant Bénédictines où sont les pailles étant tout-à-fait à jour. »

COUVENT DES CAPUCINS

La halle aux grains et l'école des filles, tenue par les Dames de la Providence, qui ont annexé à leur école un pensionnat nombreux et florissant, occupent les bâtiments du couvent des Capucins.

Il fut fondé en 1616 avec le concours de l'évêque, des chanoines, des échevins et des habitants de la ville de Coutances. J'emprunte à Toustain de Billy, qui écrivait, environ un siècle après, la relation de cette fondation qui fera comprendre comment dans ces temps de foi vive se créaient des établissements religieux importants, et combien étaient restreintes les ressources avec lesquelles ils commençaient. Il résulte des pièces authentiques citées dans ce récit, que la somme disponible pour élever ce couvent était, quand la première pierre fut posée, de 18,000 livres. Il fallait construire les logements nécessaires pour trente religieux, avec une église d'au moins 40 mètres de longueur sur 12 mètres de largeur.

ANCIEN SÉMINAIRE DE COUTANCES
LYCÉE

L'ancien séminaire de Coutances, sur l'emplacement duquel a été élevé le lycée, et dont l'église restaurée avec goût et intelligence, sert aujourd'hui de chapelle à ce dernier établissement, a été bâti par le père Eudes, fondateur de la communauté des religieux, appelés de son nom les Eudistes. Il était né à Argentan. Il fut d'abord oratorien et se fit remarquer dans son ordre par son talent de prédicateur. Il fut longtemps supérieur de la maison de son ordre établie à Caen.

Le P. Eudes était frère de l'historien Eudes de Mezeray.

« Le 22 avril 1651, M. Abraham Bazire, vicaire-général, mit le P. Eudes en possession de la place du séminaire et bénit la chapelle, érigée en l'honneur du Cœur de la Vierge, *dévotion nouvelle inventée en ce temps-là par ce Père* (dit Toustain de Billy). »

Les constructions furent achevées en 1652, ainsi qu'il résulte de l'inscription gravée au-dessus du portail de l'église.

LYCÉE DE COUTANCES

En 1842, le conseil municipal arrêta qu'un collége qui, au moyen de quelques augmentations ultérieures, satisferait à toutes les conditions prescrites pour un collége royal, serait construit près du Boulevard de l'Est, sur l'emplacement de l'ancien séminaire, et qu'une rue serait ouverte pour y accéder du côté de l'église St-Pierre. L'intérêt du collége domina dans cette circonstance tous les intérêts divers, toutes les dissidences d'opinions politiques. Les conseillers de la commune et les notables les plus hauts cotisés, convoqués à l'assemblée, selon le vœu de la loi, votèrent avec une patriotique unanimité toutes les allocations nécessaires. La première pierre du nouveau collége fut posée solennellement le 19 juillet 1844, par M. Quénault, maire de cette ville. Ce fut un jour de fête pour la cité. Les autorités civiles, militaires et religieuses, les fonctionnaires et les élèves du collége, la garnison, la garde nationale assistaient à la cérémonie, où se pressait la population presque tout entière, témoignant du vif intérêt qu'elle prenait à l'œuvre entreprise.

Poussés avec activité, grâce aux soins intelligents et infatigables de M. le maire, les travaux de cette monumentale construction ont été achevés en deux ans. Le bâtiment principal, dont le plan primitif a été considérablement agrandi pendant l'exécution des travaux, est accompagné de la belle église de l'ancien séminaire récemment restaurée, et de tous les autres bâtiments accessoires, utiles à un collége royal. Ce superbe établissement, magnifique témoignage de la munificence communale, est placé à une distance égale des deux extrémités de la ville, dans une des positions les plus pittoresques et les plus salubres de ce beau pays.

Un an ne s'était pas encore écoulé, depuis son installation dans le nouveau local, que le collége de Coutances avait reçu une visite dont il gardera un long et précieux souvenir. Le 10 octobre 1847, M. de Salvandy, ministre de l'instruction publique, qui était venu présider à l'inauguration de la statue que la ville élevait au duc de Plaisance, François-Charles Le Brun, ancien grand-maître de l'université et l'un des hommes dont s'honore le plus l'arrondissement qui l'a vu naître, a examiné avec intérêt toutes les parties de ce vaste et imposant édifice. Les éloquentes paroles qu'il a adressées aux maîtres et aux élèves, celles qu'il a prononcées au pied de la statue de son illustre prédécesseur et au banquet que la ville lui a donné dans les dortoirs du collége, transformés en salle de festin, ont excité d'unanimes applaudissements, et laissé dans tous les cœurs de profondes et salutaires impressions.

Des démarches actives furent faites à la suite de cette fête pour l'établissement d'un collège royal à Coutances. Le conseil des ministres fut saisi de la question, et la décida en faveur de cette ville. Une ordonnance, qui créait le collège royal de Coutances, fut signée par le roi, le 23 février 1848. Il en fut de cette ordonnance comme de celle de 1551 qui avait fixé le présidial à Coutances. Elle ne reçut pas d'exécution.

Les gouvernements révolutionnaires ne se sont jamais montrés favorables à cette ville. La convention lui avait enlevé le chef-lieu du département. Le gouvernement révolutionnaire de 1848 annula l'ordonnance qui lui donnait le collège royal. Les influences qui protégeaient Saint-Lo n'allèrent pas au delà de cette mesure; ou voulut laisser le temps à cette ville de faire les logements à son futur lycée, avant de le lui accorder.

St-Lo, ayant cédé ses bâtiments à l'évêque pour y établir une école ecclésiastique quelque temps après, cessa d'être le concurrent de Coutances pour le lycée. Il n'y eut plus de sa part qu'une hostilité négative qui ne pouvait, sous le gouvernement de l'empereur, empêcher la ville de Coutances d'obtenir enfin justice.

M. Brohyer, député de Coutances et maire de cette ville, M. Le Verrier, sénateur, qui avait représenté l'arrondissement de Coutances, comme député à la Législative, et qui était conseiller général pour le canton de St-Malo-de-la-Lande, Mgr Daniel, inspecteur-général de l'université, firent des démarches actives auprès du gouvernement, et l'empereur, par un décret en date du 30 juillet 1853, érigea le collège de Coutances en lycée. Ce fut le premier établissement de ce genre fondé par l'empereur Napoléon III.

La solennité de l'inauguration fut fixée au 16 août suivant. M. le ministre, que la ville avait prié de venir présider cette fête, désigna M. Le Verrier, sénateur et inspecteur-général, pour le remplacer. Ce fut une fête bien sympathique à tous les habitants de Coutances, que celle où leur ville recevait enfin le prix de ses sacrifices. Toutes les notabilités du département y étaient présentes.

La fête se termina par un banquet dans les dortoirs du lycée qui réunit plus de 300 personnes.

L'excellent esprit qui animait les élèves du collège est passé dans ceux du lycée ; toutes les traditions d'ordre, de discipline, de sentiments religieux, de respect et d'attachement pour les maîtres, s'y sont transmises comme un héritage ; et, depuis vingt-trois ans qu'il est installé, on n'a pas eu un seul désordre à y regretter. Il en est de même pour la direction de l'établissement confiée d'abord à M. Lair, remplacé aujourd'hui par M. Chardon, et pour les rapports des professeurs avec leurs chefs et entre eux. C'est toujours le vieux collège de Coutances avec une organisation plus sérieuse et plus complète de l'enseignement. Les études y sont très-fortes, et cet établissement a souvent obtenu le premier rang dans les compositions qui ont eu lieu entre tous les lycées du ressort.

La confiance des familles a été donnée au lycée comme au collège, et le bâtiment, construit pour 150 pensionnaires, s'est bientôt trouvé insuffisant, leur nombre ayant bien vite dépassé ce chiffre.

On vient de terminer les bâtiments entrepris en 1862 qui complètent l'établissement. Au moyen de ces constructions tous les services seront largement assurés pour un internat de 250 élèves et un externat encore plus nombreux.

Le nombre des élèves internes est aujourd'hui de 250, et celui des externes de 150.

BIBLIOTHÈQUE DE LA VILLE

Cette bibliothèque a été formée avec les débris de celle de l'ancien collége de Coutances, donnée par de Brucourt, et de celles des établissements ecclésiastiques, des prêtres et des émigrés, confisquées pendant la Terreur.

Dans les premiers temps où l'on apportait à Coutances les livres, titres et manuscrits trouvés dans les châteanx et dans les couvents, il y eut beaucoup de richesses littéraires anéanties. On en brûla, on en vola beaucoup. La première pensée des hommes qui sous le titre d'administrateurs du district, organisèrent la Terreur à Coutances, fut de tout détruire. Je lis, en effet, dans leur registre d'ordre, que j'ai trouvé dernièrement sous le n° 92 et à la date du 24 ventôse an II :

« Coutances. Pétition du feudiste du district Le Gerais, pour demander ce qu'il doit faire des différents vieux ti-tres, papiers et livres provenant des dépouilles du fana-tisme. »

Il se trouvait à la fin de la pétition un mot malheureux qui devait attirer une réponse barbare. Qu'on les brûle. Telle fut la décision laconique de ces nouveaux Omars.

On dut donc, à la suite de cette résolution, brûler beau-coup de livres. On fit, en effet, un auto-da-fé littéraire et scientifique sur la place Montgargane. On vola aussi beaucoup de livres, de titres et d'objets d'art ; car, lorsqu'on ordonne la destruction d'objets précieux, on en favorise le pillage. Presque tous les parchemins furent envoyés dans les arsenaux pour faire des gargousses. C'est ce qui résulte d'une foule de notes du registre d'ordre.

Toutefois ce désordre irréparable ne dura pas longtemps. Quelques mois après, Le Gerais adressa aux proconsuls une nouvelle demande ; et l'on voit, par les termes de la supplique et par la solution qui lui fut donnée, qu'il n'est plus question de détruire les livres et manuscrits, mais qu'on prend des mesures pour les conserver.

A Le Gerais succéda Costin, savant bénédictin qui continua à s'occuper avec activité du classement des titres et des livres qui lui était confié. Il s'adressa souvent au district pour lui demander son appui contre des agents qui ne le secondaient pas bien. Je dois dire en faveur du district que cet appui ne lui a jamais manqué. Le recueil, formé par Costin, était considérable et précieux. Malheureusement la meilleure part a été enlevée à Coutances pour l'école centrale établie à Avranches, création éphémère qui n'en a pas profité longtemps. Ces livres et manuscrits ont été déposés à la bibliothèque d'Avranches, et c'est ce qui lui a donné son importance.

Tout ne fut pas toutefois enlevé, et la bibliothèque actuelle de Coutances, composée en grande partie de ce qui est resté, compte au moins 8,000 volumes en général bien choisis.

Elle est riche en anciens et beaux livres, elle compte plus de 30 éditions incunables de 1480 à 1520 et plus de 300 ouvrages de 1500 à 1600. Les belles éditions y abondent. Les Aldes, les Ascensius, les Plantins, les Froben, les Etienne, les Cramoizy, les Didot, les Elzévirs y sont très-nombreux, mais on y remarque surtout la fameuse bible Polyglotte du cardinal Ximénès et celle de Natalis.

Elle possède quelques manuscrits anciens, ce sont des livres d'Heures et d'Eglise, et un saint Jérôme. Ils appartiennent au xiiie, xive et xve siècles. Les manuscrits modernes ont de l'importance pour l'histoire du diocèse et de la Normandie. Il s'y trouve deux copies des *Conjecturés* de de Mons, un exemplaire de Toustain de Billy, des manuscrits originaux sur l'*Histoire des Evêques de Coutances*, par M. Daireaux du Vaudôme, l'original des manuscrits de l'abbé Le Franc qui fut assassiné à l'Abbaye dans les massacres de septembre.

Cette bibliothèque qui a une très-grande valeur ne laisse rien à désirer pour l'histoire ecclésiastique, l'histoire du moyen âge, la littérature ancienne, et celle des xviie et xviiie siècles.

Des crédits suffisants pour la compléter au point de vue scientifique et littéraire, viennent d'être alloués par le Conseil municipal.

STATUE DU PRINCE LEBRUN

Cette statue, qui est une des meilleures œuvres du célèbre sculpteur Etex, a été donnée à la ville de Coutances par le fils du prince Le Brun, M. le duc de Plaisance, lieutenant-général, qui est mort dans les fonctions de grand-chancelier de la Légion-d'honneur. Le piédestal a été élevé aux frais du département, de la ville, et avec le produit d'une souscription.

Le plan de ce piédestal a été dressé par feu M. Doisnard, architecte du département de la Manche.

Ce monument, qui a beaucoup de mérite comme objet d'art, a été inauguré par M. de Salvandy, le 19 octobre 1847. Le prince Le Brun avait été grand-maître de l'université en 1815, et c'est parce que M. de Salvandy était son successeur, comme ministre de l'instruction publique, qu'il voulut bien accepter l'honneur de présider à cette inauguration. Ce fut une brillante fête ; M. de Salvandy reçut de la population un accueil sympathique qui était bien dû à cet homme de bien et de dévouement, aussi distingué par ses travaux comme ministre que par ses succès d'écrivain et d'orateur. Il y a souvent pensé quand, de son exil à Jersey où il s'était retiré pour entendre encore parler sa langue maternelle et voir les rivages de France, il apercevait les tours de la cathédrale.

« J'ai été bien sensible à l'accueil que j'ai reçu dans

votre belle et bonne cité, m'écrivait-il en 1819, après son retour en France ; j'espère qu'elle n'aura pas trop souffert des événements de 1818. Elle ne peut plus m'être étrangère. J'ai bien souvent contemplé de loin votre cathédrale en me rappelant les heures rapides qui m'avaient si peu préparé à un soudain revirement. »

HOTEL-DE-VILLE

L'Hôtel-de-Ville de Coutances est l'ancien hôtel de Cussy, agrandi et approprié à sa nouvelle destination sous la Restauration.

Il contient le logement du président des assises, les bureaux de la mairie, les salles du conseil et des mariages, une très-belle salle de bal et de concert, le local de la bibliothèque et le magasin de pompes dont le matériel, parfaitement organisé et entretenu, peut servir de modèle.

BOULEVARDS ET PROMENADES

La ville est entourée presque entièrement de promenades. Elle a à l'ouest la route de l'Ouest plantée de tilleuls, et à l'est les boulevards qui ont été établis ainsi que le Marché-aux-Bestiaux sur les terrains appartenant autrefois aux Bénédictines, aux Capucins et aux Eudistes.

La route de l'Ouest a été construite en 1793. Les boulevards sont dus à M. Duhamel, maire de Coutances, qui les a fait établir et planter dans les premières années du siècle actuel. On a de ces promenades, qui se relient entr'elles par un boulevard, une vue délicieuse.

Du boulevard Duhamel, on aperçoit, à un kilomètre de distance, sur un mamelon planté de sapins, la chapelle de la Roquelle, ainsi nommée, parce qu'elle est bâtie sur un rocher. Elle est due à la générosité de Charles Turgot qui en jeta les fondements vers la fin du XVIe siècle. La construction fut dirigée par François Hélye, curé de St-Pierre-de-Coutances. Avant cette chapelle, il existait à sa place un calvaire où on allait en pèlerinage. M. Duhamel, ancien maire de Coutances, qui l'avait achetée pendant la révolution, l'a rendue au culte et a donné au desservant la jouissance d'un terrain suffisant pour lui fournir un revenu passable. D'après une clause de son testament, l'ancien maire de Coutances s'y est fait enterrer, et on voit son tombeau dans le chœur de la chapelle.

Il fut question de la démolir pendant la Terreur. Je lis en effet sur le fameux registre d'ordre, au no 380 : Du 28 prairial an II. Lettre de la Société populaire de Coutances pour demander, à l'égard de la chapelle de la Roquelle, l'application de l'arrêté du représentant du peuple qui ordonne la démolition de pareils édifices. La lettre fut envoyée au citoyen Dudouyt, propriétaire, pour donner des observations sur la réclamation.

Il paraît que cette demande n'eut pas de suites, car il n'en est plus question dans le registre d'ordre.

Le site, dans lequel se trouve ce petit sanctuaire, est délicieux ; c'est un des points d'où l'on voit le mieux la ville et les environs. C'est une promenade à faire pour les personnes qui ont plusieurs heures à passer à Coutances dans la belle saison.

JARDIN PUBLIC

Il y a peu de grandes villes en France qui aient un jardin public aussi vaste que celui de Coutances ; mais il n'en est pas une seule qui en possède un se trouvant dans une situation aussi pittoresque. Il occupe le penchant ouest du mamelon au sommet duquel la ville est bâtie, et il semble que tous les bois qui couvrent les coteaux d'alentour aient été plantés pour lui servir de point de vue. On croirait même qu'ils font partie du jardin, tant ils s'harmonisent avec lui.

Ce jardin a été donné à la ville par M. Quesnel-Morinière, avec l'hôtel dont il dépendait. Il a été transformé par les soins de l'administration municipale en parc anglais sur les dessins et sous la direction de M. Minel, ancien garde du génie, et de M. Chapel, secrétaire de la mairie. Les fleurs des massifs et des plates-bandes sont renouvelées souvent et on est sûr d'y rencontrer, chaque fois qu'on le visite, de nombreuses variétés des fleurs de la saison.

La collection des rosiers est complète; celle des orangers est très-nombreuse.

Le trop plein des eaux de la ville entretient continuellement les jets d'eau des bassins qui s'élèvent à environ neuf mètres.

Ce jardin contient trois hectares. La vue sur la campagne environnante, et surtout du côté où on aperçoit les ruines de l'aqueduc, est délicieuse.

Les coteaux des Vignettes, qui se trouvent en face, à l'ouest, appartiennent à l'hospice. Ils ont été plantés en vue d'établir la symétrie entre ces plantations et celles du jardin public.

ANCIENNES MAISONS

Il reste peu de maisons anciennes et ayant pignon sur rue dans la ville de Coutances. Les réparations et les embellissements que font les propriétaires à celles qui subsistent encore leur ont enlevé leur cachet d'ancienneté. Il n'en reste plus de traces que dans les linteaux des portes extérieures et des fenêtres du premier étage, où se rencontrent des moulures et des sculptures rappelant la fin du XVe siècle et le commencement du siècle suivant.

La plus remarquable est sur la place St-Nicolas. Elle appartient au XVIe siècle, ainsi que l'indique une cage d'escalier en tourelle et une croisée sculptée sur la face sud de cette maison.

Il s'en trouve plusieurs dans la rue Geffroy-Herbert qui sont de la même époque. La mieux conservée est celle qui forme l'angle de cette rue à sa jonction avec la rue Geoffroy-de-Montbray. Elle était flanquée de deux tourelles dont une a été dernièrement démolie. Les tourelles étaient terminées par un petit toit conique et placées en encorbellement sur la façade sud de cet édifice. Cette maison était l'hôtel du vicomte de Coutances.

Sur la place Montgargane se trouvent deux porches qui doivent remonter aussi au XVIe siècle.

Une autre maison à deux tourelles, occupée par M. Poulain, notaire, rue du Pertuis-Trouard, appartient aussi à cette époque.

CONSTITUTION GÉOLOGIQUE DE LA VILLE

Le mamelon, sur lequel la ville repose, est traversé de l'est à l'ouest par des roches de diverses formations ; ce sont des siénites et des sables granitiques depuis la Croix-Quillard jusqu'à la prison.

Des schistes, depuis cet édifice jusqu'à la place Milon, du quarz-noir appelé pierre de la Lande-des-Vardes, dans le pays, depuis la place Milon jusqu'à la place Mongargane, et des schistes au delà, dans les rues St-Pierre et du Pilori.

Quoiqu'il n'y ait ni roches volcaniques, ni volcans éteints à Coutances ou dans les environs, on y a ressenti quelquefois des secousses de tremblements de terre.

Le plus grave dont on ait souvenir, est celui qui a eu lieu le 1er avril 1853, à onze heures et demie du soir. La secousse qui dura quelques secondes fut extrêmement violente. Toute la population fut bientôt sur pied, et chacun croyait la maison de son voisin renversée. Beaucoup de maisons furent gravement endommagées. Le Maître-Autel de la cathédrale fut disloqué ; on remarqua que, dans beaucoup de piliers de barrière et de portes, les pierres de taille avaient fait un léger mouvement rotatoire dans le même sens et dans les mêmes proportions.

On entendit un bruit, semblable à celui de charettes

roulant sur le pavé, venir de l'ouest; il sembla passer sous les voûtes des caves, quand la secousse eut lieu, et on l'entendit continuer et se perdre dans l'est, quand elle fut passée.

Quelques jours après, il y eut plusieurs secousses; mais elles furent moins fortes. Ce tremblement de terre, que l'on ressentit en Bretagne et en Normandie, fut plus violent à Coutances que partout ailleurs.

ÉTAT ACTUEL DE LA VILLE

La ville de Coutances est le chef-lieu épiscopal et judiciaire du Département de la Manche.

Elle possède un Lycée et un Tribunal de Commerce.

Elle est le chef-lieu de l'Arrondissement de Coutances dont l'étendue territoriale est de 130352 hectares et la population de 120128 âmes.

Celle de la ville est de 8062.

Ses marchés et ses foires, qui ont une grande importance, en font le centre d'un commerce agricole considérable.

Le commerce proprement dit de la ville n'a pour objet que la consommation locale.

Elle n'a d'autre industrie que la tannerie et la mégisserie dans le faubourg du Pont-de-Soulle.

Les dames Augustines ont établi, dans leur couvent,

quelques métiers de dentelle et elles font aussi la broderie des ornements religieux ; les Sœurs de St-Vincent-de-Paul font confectionner des chemises et tout ce qui concerne la lingerie par les jeunes filles de leur Ouvroir.

Deux marbriers, M. Duccini et M. Montaigne occupent une dizaine d'ouvriers à polir du marbre de diverses provenances, mais ils exploitent surtout ceux de Montmartin-sur-Mer.

M. Véron y a établi, depuis quelques années, une brasserie de bière qui a déjà une certaine importance.

On fabrique à Coutances une assez grande quantité de toiles œuvrées, et il s'y fait un commerce assez considérable de filasse provenant principalement des cantons de Gavray et de Cérisy-la-Salle. Cette filasse est extraite du lin dans une usine établie depuis plusieurs années par M. A. Quesnel.

Sa station télégraphique, qui communique avec l'Angleterre, est la plus rapprochée des Iles anglaises ; le prix d'une dépêche simple n'est que de 3 francs pour cette destination, tandis qu'il est de 4 fr. 50 c., soit de Granville, soit de St-Lo, le tarif étant basé sur la distance à vol d'oiseau.

Agon est le principal entrepôt du commerce de la pailleule ou varech desséché. Il en est exporté annuellement de l'Arrondissement à Paris pour environ un million de francs.

L'étranger qui parcourt les rues de Coutances, doit être étonné de voir beaucoup de noms d'hommes donnés à des rues.

Ces hommages rendus à leurs mémoires sont des témoignages de reconnaissance envers des hommes qui sans avoir été illustres ont fait de grandes libéralités ou rendu de grands services à la ville. Tels sont MM. Quesnel-Morinière, donateur du jardin public. M. Quesnel-Canveaux, donateur de la maison qui sert aux Sœurs de St-Vincent-de-Paul, et président du bureau de charité pendant plus de trente ans, M. le baron Duhamel, maire sous l'Empire, qui a ouvert les boulevards et presque toutes les places publiques de la Ville.

D'autres sont des témoignages d'admiration envers des hommes illustres qui sont nés à Coutances ou aux environs. Tels sont le fameux amiral Tourville, les Tancrèdes, St Evremond, Le Gentil de la Galaisière, astronome, le prince Le Brun, Lefrançais-Lalande, astronome, né à Courcy.

EXCURSION AUX ENVIRONS DE COUTANCES

A quatre kilomètres de Coutances sur la route de Blain-ville, dans la commune de Gratot, on voit un château-fort élégant du XVe et du XVIe siècles il est entouré de douves et orné de fort gracieuses tourelles où l'on remarque de fort bonnes sculptures. Ce château a appartenu à la famille d'Argouges.

Non loin du château se trouve l'église de Gratot qui a aussi une fort jolie tour et est du même style que le château, elle en a dû être la chapelle.

A un kilomètre environ du château sur la route du Pont-de-la-Roque à Monthuchon, se rencontre un ermitage, appelé l'ermitage St-Gerbold, qui appartient ainsi que la chapelle de cet ermitage a la même époque que le château et l'église.

Il faut encore visiter à un kilomètre de Coutances, la chapelle de la Roquelle où un pèlerinage et un calvaire existaient dès le XIII° siècle, longtemps avant la construction de la chapelle qui ne date que de la fin du XVI° siècle.

On devra aussi aller à Nicorps, visiter l'église qui a d'assez beaux vitraux, et surtout l'if du cimetière qui est monstrueux. On a de cet endroit une vue délicieuse sur la ville et la vallée de la Soulle.

Sur la route de Regnéville en allant visiter ce hâvre on pourra s'arrêter au Pont-de-la-Roque, à 6 kilomètres de Coutances, construit sur l'emplacement d'un pont antique dont les fondations ont été conservées.

La mer y monte d'environ 5 mètres aux grandes marées. Le courant au flux et au reflux y est très-rapide. La barre ou le mascaret a quelquefois 50 centimètres de hauteur. Le plein de la mer au plus grand flot y est établi à 6,30.

La route que l'on suit est l'ancienne voie romaine de Cherbourg à Coutances et à Rennes, passant par Bricqueville, Montchaton, Montmartin, Bréhal, St-Pair, de cette commune elle traversait la baie du Mont-Saint-Michel, qui était alors la terre ferme, allait à Dol et de là à Rennes.

A gauche en continuant de se diriger vers Regnéville, on voit un mamelon appelé la sangle du castel ou le camp de César, où on reconnaît les restes d'un campement romain, et les vestiges d'un château du moyen âge détruit dans le XIV° siècle.

A quatre kilomètres du Pont-de-la-Roque, on arrive au

âvre de Regnéville où l'on voit les ruines d'un château-
ort dont le donjon est assez bien conservé. Ce donjon
'élève à une hauteur d'environ 30 mètres au-dessus du sol.
Le château qui a été la résidence de Charles-le-Mauvais au
ıv° siècle a été occupé par les Anglais de 1417 à 1450. Il
ut repris par une armée française après la bataille de
ormigny. Il avait une très-grande importance. La ville
'en avait pas moins et son port était très-fréquenté.
Cette ville était entourée d'une enceinte fortifiée, on en a
etrouvé dernièrement les murailles à environ 300 mètres
u château, elles ont trois mètres d'épaisseur.

Une grande partie du port, de la ville et du château a
epuis longtemps disparu sous les flots et sous les sables
e la grève.

On rencontre en grand nombre, à Regnéville, des boulets
n pierre de granit qui, après avoir servi pour les catapul-
es et les balistes, ont été employés pour les premiers
anons dont on s'est servi. Les canons du Mont-Saint-
Michel, qui sont de 1424, sont encore chargés avec des
oulets de cette espèce.

On découvre souvent, aux basses mers, des débris de
urailles quand les sables ont été remués par la tempête.

Sous la commune de Hauteville-sur-Mer, près d'un
ocher nommé le Mançean, on rencontre des traces de la
orêt de Scissy, engloutie dans la mer du v° au x° siècles.
n y voit des troncs d'arbres tenant encore par les racines,
ans le sol où ils ont végété, et où apparaissent des feuilles,
es noisettes, des châtaignes et des glands.

On trouve les mêmes vestiges dans les communes d'An-
oville, de Lingreville et de Bricqueville-sur-Mer.
orsque la mer est pleine, dans les grandes marées, elle
ouvre le sol de cette forêt de 13 mètres d'eau. C'est donc
n affaissement du sol de cette importance au moins qui

5

s'est produit depuis que la mer l'a envahi. Pour qu'il n'ait pas été plus considérable, il faut supposer que la forêt se trouvait alors exactement au niveau de la mer. Ces débris de forêt établissent à mon sens un affaissement lent et régulier du littoral qui a été observé depuis longtemps sur les côtes de l'Océan, de la Manche et du Zuiderzée, en Espagne, en France, en Hollande et en Angleterre.

Cet affaissement qui semble de 3 mètres par siècle environ, a été observé sur toutes ces côtes. Quelquefois, à l'embouchure des rivières, les vents et les courants produisent des atterrissements, qui élèvent plus le sol que l'affaissement régulier ne le fait abaisser. Ils font illusion aux observateurs étrangers à la science, mais ils n'échappent pas à l'observateur éclairé qui remarque que dans le voisinage où les courants et les vents n'ont plus d'action, le sol continue de s'affaisser, c'est ce qui arrive à Regnéville. Le promontoire appelé la pointe d'Agon, qui ne s'est formé que depuis 250 ans, est dû à l'action des courants et du vent. Pendant que cet atterrissement s'avance vers le sud, il est entamé à l'ouest, et la mer est plus profonde sur les rochers voisins du rivage qu'elle ne l'était autrefois.

M. l'ingénieur Delesse, dans son remarquable ouvrage intitulé : *Le fond des mers*, tout en tenant compte de ces dépressions, les attribue à la pression des sédiments marins sur la grève. Cette hypothèse pourrait être admissible, si les arbres que nous remarquons dans nos grèves y avaient été entraînés par les courants ; mais il n'en est pas ainsi. Les arbres tenant au sol dans lequel ils ont végété, dans les communes de Hauteville, Annoville et Lingreville, c'est au milieu des rochers que l'on trouve ces débris de forêt. Les rochers abondent aux environs et se retrouvent au-dessous de la couche végétale. On ne peut admettre qu'elle ait fait par son poids abaisser les rochers de l mètres. Ce phénomène ne peut donc être dû qu'à un affaissement de la croûte terrestre qui est comme on le sait si compressive et si mobile.

Au reste, en consultant l'atlas joint à l'ouvrage de M. Deaisse, on verra que si dans fort peu d'endroits isolés et très-circonscrits le sol semble s'élever, presque partout il s'abaisse. Ces exceptions sont évidemment dues à des causes accidentelles et toutes locales comme celles que j'ai signalées à Regnéville, et au lieu d'infirmer la généralité du phénomène sur les côtes de l'Océan et de la Manche la confirment.

En même temps que le sol s'abaisse d'un côté, il se relève d'une manière lente et générale sur d'autres points. Depuis l'ère chrétienne on a observé une élévation du sol à partir de la Baltique jusqu'aux points les plus voisins du pôle où l'homme ait pu parvenir. Cet exhaussement semble se prolonger vers l'est jusque dans l'Amérique du Nord et continue en inclinant au Midi vers la Californie.

On remarque que dans les contrées chaudes ou tempérées, ou les terrains sont récemment émergés, ils sont d'une fertilité extrême; et que les vieux continents semblent s'appauvrir.

Il paraîtrait que ces oscillations du sol ont une cause régulière et permanente qui peut être une loi de la providence.

Est-ce une pression intérieure du feu central, est-ce au contraire une pression astronomique sur la croûte mobile de la terre qui produit ce phénomène. C'est aux géologues, dans le premier cas, et aux astronomes, dans le second, de chercher et de nous indiquer ses lois.

Il faut visiter à Regnéville les parcs de Mlle Sarah Félix, sœur de la fameuse tragédienne Rachel, qui est parvenue à reproduire des huîtres, mais à trop grands frais pour qu'il y ait un avantage commercial.

Si, comme on peut l'espérer, par la pêche de petites huîtres qui se fait depuis environ un an, les huîtrières autrefois si abondantes de la baie de Granville se repeuplent, ses parcs sont parfaitement aménagés pour leur préparation.

Ce ne serait pas la première fois que l'on aurait vu l'abondance succéder à la disette des huîtres. M. l'abbé Manet constate que, de 1785 à 1789, les huîtrières des baies de Cancale et de Granville furent entièrement dépeuplées, et depuis, à partir de 1815 à 1848, on en a pêché annuellement plus de cent millions dans ces deux baies.

En allant de Regnéville à Granville par la route du littoral, il faut jeter les yeux sur les cultures maraîchères des communes de Montmartin, de Hauteville, Annoville, Lingreville, dont les habitants exportent leurs produits à Jersey, Guernesey et jusqu'à Condé-sur-Noireau, Bayeux, et même au Havre.

La terre a donc en ces communes une très-grande valeur en capital. Un hectare se vend de 10 à 15,000 francs et une famille vit à l'aise du produit de deux hectares de terrain propres à la culture des légumes; mais avec un travail intelligent et assidu.

En allant à Agon et à Coutainville, communes du canton de St-Malo-de-la-Lande, riveraines de la mer, à 10 kilomètres de Coutances, on devra s'arrêter à l'église de Tourville, dont on a une vue splendide sur l'embouchure de la rivière de Sienne. C'est dans cette commune que doit être né l'amiral Tourville, il ne reste rien qui le rappelle dans le manoir modeste de ses ancêtres. Mais son nom est gravé sur l'une des cloches de l'église dont il a été le parrain.

Montmartin-sur-Mer possède une station de bains qui commence à prendre de l'importance. La plage est magnifique et une route carrossable conduit les baigneurs jusqu'à la mer. On a de cette station une très-belle vue sur Granville et Regnéville, et, de là, on peut observer tous les mouvements de ces deux ports.

Agon est un bourg bien bâti, dont les habitants sont presque tous marins. Le chef-lieu de canton, la commune de St-Malo-de-la-Lande, a donné naissance au contre-amiral Jehenne, marin savant et illustre, qui a publié un excellent ouvrage sur notre colonie de Nossibé, et s'est distingué dans la campagne de Crimée.

Le village de Coutainville, où l'on voit un château et une chapelle ayant appartenu à l'amiral Tourville, a une station de bains de mer d'un genre tout-à-fait original.

Les cabanes des baigneurs sont en chaume. Il y en a de toutes les formes et de toutes les grandeurs, de longues, de rondes, de carrées, etc. Les baigneurs, il y a quelques années, habitaient le village situé à un kilomètre du rivage; mais depuis quelque temps on a donné plus d'extension aux cabanes et on peut se loger pendant toute la saison des bains dans quelques-unes.

On a bien eu quelques mécomptes, la mer, qui ne cesse de s'avancer par l'affaissement du sol et son action destructive sur les dunes, a renversé plusieurs fois cabanes et habitations; mais on les reconstruit plus loin et cette station de bains est toujours fort fréquentée. Il n'est pas rare de voir le dimanche quinze cents personnes se promener sur la plage.

Si on n'y rencontre pas les distractions parisiennes, des bals et des concerts comme à Trouville et à Granville, on peut aller pêcher la crevette dans les rochers, le lançon dans les sables, et on trouve quand il fait beau à occuper son temps au bain et à la pêche.

On aperçoit à six kilomètres en mer, au nord-ouest, le phare du Senéquet, qui ressemble à un énorme chandelier de 80 pieds de haut. La tourelle qui le couvre contient le logement de trois gardes-phares.

La mer est horrible dans ces parages par le mauvais temps, et il se passe quelquefois quinze jours sans que les gardiens puissent communiquer avec la terre ferme. Il y a quelques années, les gardiens manquant de vivres, au milieu d'une tempête, arborèrent le drapeau de détresse. J'étais alors sous-préfet de Coutances, je télégraphiai à Granville pour que les bateaux de la station allassent à leur secours. L'*Ariel* sortit du port, mais la tempête ayant redoublé, il dut se mettre à l'abri dans le sund de Chausey.

Le péril devenait extrême pour les gardiens du phare. Un homme courageux, nommé Forcel, de Blainville, se dévoua pour aller les secourir. Après avoir perdu une barque qui se brisa sur les rochers, il parvint, au milieu des plus grands dangers, à leur porter des vivres au moment où ils en manquaient absolument.

Je ne pus, malgré les plus vives instances, obtenir de récompense du ministère des travaux publics pour ce brave homme;

Mais quelques mois plus tard, il lui fut accordé pour cet acte de dévouement et beaucoup d'autres, le grand prix de vertu Montyon de 6,000 francs.

Au sud-ouest, et à 10 kilomètres en mer, on voit la tour de Ranquet, construite pour servir de signal aux marins, et de refuge aux pêcheurs surpris par la marée, qui est très-dangereuse dans ces parages.

Un bâtiment de l'état, l'*Antilope*, dont on voit encore les débris à mer basse, a fait naufrage dans les environs du Senéquet en 1858. Quand on peut y parvenir, on est sûr de faire d'excellentes pêches de crevettes et de congres dans les flancs de ce navire.

Les voyageurs qui auront deux jours à leur disposition peuvent aller visiter dans les environs :

La magnifique collégiale romane de Lessay, à 20 kilomètres de Coutances.

Celle de Hambye, qui est du XIIIe siècle, à 16 kilomètres, Canton de Gavray.

Les ruines du château de Gavray, à 18 kilomètres. Le château de la Haye-du-Puits, dont le donjon est du XIe siècle, à 27 kilomètres.

Le camp de Montcastre, commune de Lithaire, canton de la Haye-du-Puits.

La pierre branlante de Lithaire.

Le dolmen de Varenguebec.

Celui d'Appeville.

Le château de Chanteloup, près Bréhal, monument de la Renaissance, où le granit a été sculpté avec une merveilleuse habileté,

Le menhir de Longueville.

L'église de Vesly, canton de Lessay, celle de Vindefontaine avec son pèlerinage, celle de Périers.

Celle de Saint-Sauveur-Lendelin.

La description de ces monuments dépasserait de beaucoup les bornes de l'opuscule que nous publions, et nous renvoyons les lecteurs à la *Revue monumentale de l'arrondissement de Coutances*, par M. Renault, conseiller honoraire à la cour de Caen.

Elle se trouve à la bibliothèque de la ville de Coutances.

Cette bibliothèque possède aussi de précieux documents de M. de Gerville sur les châteaux et les abbayes du département de la Manche.

La collection des mémoires de la Société des Antiquaires de Normandie, celle des Annuaires de l'Association normande, où on lira à l'année 1866 une statistique que j'ai publiée sur l'arrondissement de Coutances, et tous les mémoires que j'ai publiés sur l'histoire du pays.

On trouve encore à la librairie Salettes quelques exemplaires de mes ouvrages sur la ville de Coutances, la Basse-Normandie et l'Aqueduc de Coutances.

CLIMAT DE COUTANCES

ET DES ENVIRONS

Le climat de Coutances est très-doux, on n'y ressent ni chaleurs ni froids extrêmes. Une branche du Gulf-Stream qui baigne nos côtes et les îles anglo-normandes, y amène des eaux chaudes qui élèvent la température de l'air dans nos parages. Il gèle rarement dans notre pays, et si le thermomètre descend à 2 ou 3 degrés au-dessous de zéro, il baisse dans le même moment à 8 ou 10 degrés à Paris et aux environs.

Aussi conservons-nous des myrtes, des camélias en pleine terre; on en peut voir au Jardin public de très-beaux massifs qui donnent des milliers de fleurs.

Il est admis dans le public que le département de la Manche est un de ceux de France où il tombe le plus de pluie. Les observations consignées dans l'ouvrage de M. Delesse établissent tout le contraire. Il pleut beaucoup moins à Granville, St-Lo et Coutances, qu'à Biarritz, Bayonne et Lyon.

La moyenne de la pluie est à Lyon de 100, à Pau de 94, et à Bayonne de 143, tandis qu'elle est de 84 à Coutances, de 56 à Granville, et de 63 à St-Lo.

Il est probable que nous avons plus d'heures de pluie, mais elle tombe chez nous avec moins de violence que dans les contrées méridionales.

Mais comment se fait-il qu'il y ait autant de différence pour la quantité d'eau tombée entre Granville et Coutances. Cette différence tient sans doute à ce que la ville de Granville forme un promontoire de cinquante mètres d'altitude au-dessus de l'Océan, d'où viennent les nuées chargées de pluie qui se divisent pour se porter dans les vallées voisines quand elles arrivent à Granville.

Si nous n'avons qu'une température assez douce quand il gèle très-fort dans les bassins de la Seine et du Rhône et de la Saône, sous des latitudes égales et même plus basses, nous remarquons presque toujours des froids tardifs dans le mois de mai. Il y gèle quelquefois, et le thermomètre ne s'élève guère au-dessus de 4 ou 5 degrés pendant les premiers jours de ce mois, et ce froid persiste à cette époque même par des vents d'ouest-sud-ouest qui sont généralement chauds. Ce phénomène a été l'objet d'observations récentes en mer et à terre. Ces froids tardifs succédant à des températures chaudes pendant le mois d'avril, on a cru en trouver la cause dans la rupture des glaces de la mer du Nord et leur passage au large dans un contre-courant du Gulf-Stream se dirigeant du nord au sud.

Ces observations n'avaient pas échappé à nos aïeux qui appelaient les saints du milieu de mai les Saints de glace.

HUITRIÈRES, SABLES DES GRÈVES

ROCHERS SUR LE LITTORAL DES ENVIRONS DE COUTANCES,

PÊCHERIES

M. Delesse a, dans son ouvrage intitulé la *Lithologie du fond des mers*, consacré aux huîtres et huîtrières un chapitre fort intéressant dont nous devons, dans un pays où avant la dépopulation des huîtrières était la meilleure de France, retracer les principales observations. « Lorsque les mollusques, dit M. Delesse, sécrètent comme les huîtres, un test calcaire épais, il devient plus facile d'apprécier la grande influence exercée sur leur développement par la nature physique et minéralogique de la côte, ainsi que par la composition chimique des eaux qui la baignent; d'après cela il convient d'examiner spécialement le gisement et les principaux caractères des huîtres sur le littoral de la France. La répartition y est d'ailleurs bien connue, grâce aux études qui ont été faites par M. Coste et M. le commandant de Champeaux ainsi que par les officiers de marine chargés de surveiller la pêche sur la côte.

Les huîtres sont assez rares dans la Méditerranée; cependant elles forment des bancs dans les golfes de Fos et Aigues-Mortes, dans les environs d'Agde et de la Nouvelle. Leurs bancs sont, au contraire, nombreux et étendus dans l'Océan et dans la Manche. Il y en a dans le Pas-de-Calais, près de Cherbourg, dans toute la baie de Cancale, autour de la presqu'île de Bretagne, notamment sur l'embouchure des rivières à Tréguier, dans la rade de Brest, près de Lorient, près de Penerf et dans le Morbihan. Il y en a encore dans la baie de Bougneuf, sur les côtes de l'Aunis, de la Saintonge ainsi que dans la baie d'Arcachon.

Elles prospèrent sur les fonds de roches et sable vaseux ; d'un autre côté elles ne paraissent pas s'accommoder du sable mouvant ; il faut sans doute l'attribuer à ce que le sable accusant d'ordinaire un courant assez rapide et étant lui-même mobile, ne permet pas aux jeunes huîtres de se fixer. La vase leur est également nuisible et doit être évitée dans les parcs où on les cultive ; on peut remarquer cependant que les huîtres et les gryphées des époques antérieures (*ostreæ delloideæ, gryphæa arcuata*, etc.), se trouvent dans des couches de marnes argileuses qui accusent des dépôts vaseux.

Les huîtres ont besoin de deux années pour arriver à la taille moyenne.

Dans les parcs elles vivent au niveau des marées ; toutefois, quand elles restent à découvert, elles sont exposées à périr par le soleil et par la gelée. Les bancs augmentent de puissance avec la profondeur et l'on en trouve jusqu'à 70 mètres. Ils présentent des pentes très-rapides et sont assez irréguliers. Généralement ils sont parallèles aux courants. Quelques années suffisent pour qu'ils éprouvent des modifications très-notables ; ils peuvent successivement augmenter, diminuer ou même disparaître complétement. Par exemple, ils se réduisent quand ils sont envahis par le maerl, par les moules et les anemies, quand ils sont ravagés par les murex et les actinées, ils sont aussi détruits par les tempêtes.

Nous savons, par l'abbé Manet, qui le rapporte dans son ouvrage sur la baie du Mont-St-Michel, qu'elles avaient disparu presque entièrement comme aujourd'hui en 1785.

A cette disette a succédé une abondance incroyable qui n'a cessé qu'en 1860.

Il faut pour qu'elles prospèrent que la chaux soit assez abondante dans les eaux et au fond des grèves sur lesquelles elles reposent.

On a remarqué que leur têt est plus pesant quand elles sont pêchées sur des rivages dont les roches sont calcaires, que sur ceux dont les roches ne le sont pas.

Il ne faut pas pour qu'elles puissent vivre que les eaux soient trop ou trop peu salées.

Une salure de 2 à 3 0/0 leur est favorable; elles meurent quand la salure est supérieure à 4 0/0 ou inférieure à 1 8/70.

Les huitres ont atteint leur développement à trois ans, alors le poids de leur coquille est de 100 à 105 grammes.

Quand elles ont dépassé cet âge, leur têt s'épaissit et s'endurcit. Il peut peser jusqu'à 200 grammes.

Les huitres de la baie de Cancale et de Granville sont les meilleures, et celles dont les coquilles sont les plus riches en calcaires, quoiqu'il ne s'y trouve de roches calcaires qu'aux environs de Montmartin-sur-Mer; mais le fond de ces baies est peuplé d'une multitude de mollusques par lesquels il s'y est opéré une énorme concentration de carbonate de chaux.

Qui, depuis 15 ans, a pu y détruire ces coquillages où ils se reproduisaient à merveille? Est-ce une pêche excessive? On pourrait le croire si leur abondance avait graduellement diminué; mais il n'en a pas été ainsi. De 120 millions d'huîtres elle est tombée tout d'un coup presque à rien, et le prix des huîtres est monté en deux ou trois ans de 4 francs le mille à 45 francs.

La pêche devenant improductive, on a désarmé les bateaux qui, pour les ports de Cancale, Regnéville, Granville et de Jersey, étaient au nombre de plus de 800. Dans tous ces ports le chiffre des bateaux a été bientôt très-réduit. Des bancs ont été interdits pendant dix années, et malgré une pêche trois fois moindre, l'interdiction de beaucoup de bancs, une surveillance active, la disette a continué en s'aggravant.

La composition chimique des eaux n'a pas changé, les bancs et les rivages ont la même quantité de calcaire. Les murex et les achinées n'ont pu tout dévorer. C'est donc aux mouvements des sables remués de fond en comble par les tempêtes, aux changements de courants qui ont balayé les huîtrières et peut-être transporté le naissin ailleurs, qu'il faut attribuer cette disette.

Il est probable que les huîtrières n'ont pas été détruites, mais déplacées, et qu'un sondage complet des bancs de Cancale et de Granville les feraient retrouver.

L'apparition depuis quelques années de jeunes huîtres aux grandes marées où on les pêche à pied, me porterait à croire qu'elles y sont roulées par les flots et que l'huîtrière où elles se reproduisent n'est pas loin du rivage des communes de Montmartin, Hauteville et Annoville. On devrait à mon sens sonder avec le plus grand soin les bancs de Granville et de Cancale, et quand on aurait découvert les bancs où les huîtres se reproduisent, y interdire la pêche pendant plusieurs années.

Lorsque les huîtres étaient abondantes, c'était un spectacle curieux de voir dans les grandes marées de septembre, de février, mars et avril la pêche à pied de ces coquillages. Sur les grèves d'Agon, Montmartin, Hauteville, Annoville et Lingreville, plusieurs milliers de charrettes amenaient les pêcheurs venus de très-loin qui les ramenaient complétement chargées d'huîtres. La pêche durait environ une heure, et quand la mer venait à monter, on entendait crier de place en place : voilà la mer qui monte, et immédiatement tous les pêcheurs qui avaient en certains endroits plus de huit kilomètres à parcourir pour atteindre les dunes, se mettaient en route. Le mouvement était exécuté en moins de deux minutes. Il y avait, en effet, péril en la demeure. Toutes les charrettes ne parvenaient pas au plain. Celles qui étaient trop chargées ou mal attelées étaient quelquefois prises par la mer, qui monte rapidement sur ces rivages. Il fallait dételer les chevaux à la hâte pour les sauver. On n'y parvenait pas toujours, et des hommes y ont quelquefois péri.

Quand on était rentré au logis, on tassait les huîtres dans de grandes cuves et on les y conservait vivantes pendant plusieurs semaines.

D'autres pêcheurs ouvraient les grosses huîtres à mesure qu'ils les prenaient et en rapportaient ainsi plusieurs mille dans leurs hottes qu'ils vendaient pour être marinées ou mangées cuites.

C'est à peine si l'on voit aujourd'hui sur ces plages aux grandes marées cinq ou six charrettes rapportant tout ce que les pêcheurs ont ramassé d'huîtres. Quand, s'étant très-avancé dans la mer on en a pêché un demi-cent par personne, on se trouve bien heureux. Il est vrai qu'au prix de un franc la douzaine, le pêcheur a gagné 4 fr. dans la marée. Il a autant de bénéfice que celui qui en avait ramassé un mille au temps de l'abondance.

Il est de remarque que les grèves où elles étaient les plus abondantes où l'on en trouve encore le plus aujourd'hui, situées entre la rivière de Sienne et Granville, sont celles, dont les sables contiennent le plus de calcaire ainsi qu'on en peut juger par les observations suivantes que j'emprunte à l'ouvrage de M. Delesse.

A Granville, près l'établissement des bains, le sable multicolore est composé de quartz blanc, de schiste argileux, de nombreux débris de coquilles, et contient 68 0/0 de carbonate de chaux. Les rochers qui émergent à basse mer sont schisteux; à Montmartin on rencontre le même sable mêlé de quelques débris de roches calcaires et de grès.

Les roches sont des schistes au sud de la commune, et au nord des grès, des conglomérats, et dans la rivière de Sienne des calcaires carbonifères. A Regnéville, même sable, les roches qui émergent sont carbonifères.

A Agon, on rencontre le même sable, mais le carbonate de chaux y est moins abondant, il n'y compte que pour 28 0/0.

A Bretteville-sur-Ay, Ourville, St-Rémy-des-Landes et Denneville on rencontre le même sable. Les roches sont le calcaire carbonifère.

Les voyageurs qui parcourront le canton de Montmartin-sur-Mer pourront aller visiter les fours à chaux qui exploitent la vallée calcaire commençant à Regnéville et finissant à Saussey. Il y en a une vingtaine pouvant produire journellement chacun cinquante à soixante tonnes de chaux.

L'exploitation de ces calcaires, marbres carbonifères qui donnent une chaux grasse de la meilleure qualité, se fait à ciel ouvert, On peut creuser ces carrières sans rencontrer d'eau jusqu'à 25 et 28 mètres de profondeur, ce qui permet d'étudier facilement la stratification de ces roches. On voit par les configurations de ces roches, dont la superficie est arrondie, combien depuis leur formation elles ont été longtemps battues par les vagues et les courants.

On a cherché aux environs de ces gisements calcaires, et notamment à Saussey, de la houille ou de l'anthracite qui auraient pu s'y rencontrer comme à la mine du Plessis et à celles de la Mayenne.

Mais ces recherches tentées à plusieurs reprises n'ont jamais donné de résultats. On a trouvé une terre noire contenant avec quelques pyrytes de feu à peine deux pour cent de carbone.

APPENDICE

AU GUIDE DE L'ÉTRANGER A COUTANCES

—⚬⚭⚬—

Depuis la publication du *Guide de l'étranger à Cou-tances*, il s'est produit deux faits importants : la création d'un Musée à Coutances et la construction d'un Chemin de fer qui doit relier cette ville de deux côtés avec Paris, vers le nord avec Cherbourg et vers le sud-ouest avec Brest et le midi de la France.

Quoique récemment formé, le Musée de Coutances contient des œuvres d'art d'une grande beauté, qui de-mandent une description détaillée, et la construction du Chemin de fer étendant le rayon des excursions dans le pays, entraîne pour l'auteur du *Guide* l'obligation d'indi-quer des monuments et des curiosités plus éloignés à visiter par les touristes. Je dois donc compléter ce *Guide* au moment où la ligne de Saint-Lo à Coutances va être ouverte aux voyageurs.

MUSÉE DE COUTANCES

Quoique de création récente, le Musée de Coutances, grâce aux libéralités de l'Etat et des particuliers, grâce aux découvertes qui ont été faites dans le pays, contient des objets d'art de premier ordre.

L'œuvre capitale est le fameux buste en bronze qui a figuré à l'Exposition universelle de l'art rétrospectif sous le nom de Bronze de Torigny, et a été considéré par les savants du monde entier comme l'objet de l'art antique de la belle époque, celle des Antonnins, le plus parfait qui s'y rencontrât, aussi lui a-t-on donné une place d'honneur et il a été désigné ainsi dans le livret : Le splendide bronze de Torigny, appartenant au Musée de Coutances.

Ce bronze a été acheté vers 1820 au château de Torigny, par M. Le Pesant, alors maire de Coutances. On ne sait comment il était venu en la possession des Matignon et des Grimaldi, propriétaires du château de Torigny, a-t-il été acheté en Italie, a-t-il été trouvé dans les fouilles de Vieux, cette Pompeï normande, on ne saurait le dire. L'inventaire du château, dressé pendant l'époque révolutionnaire ne contient que cette désignation ignorante et vague : Quelques bustes en marbre et en bronze bons à mettre sur des manteaux de cheminée.

On a d'abord cru que cette statue représentait l'empereur Hadrien. Elle est en effet bien de son époque. Les cheveux sont frisés comme ceux de cet empereur, mais le front est bien plus découvert que sur les statues et les médailles connues d'Hadrien, qui, suivant ses biographes, se couvrit le front pour cacher des cicatrices qui le déshonoraient.

La tête a aussi plus de dignité, de noblesse et de beauté que celle d'Hadrien. C'est, suivant M. de Longpérier, homme si compétent, une œuvre d'art originale et probablement unique ; elle est sortie la première ou plutôt la seule du moule qui a été détruit.

Aussi la discussion archéologique sur l'attribution de cette statue a-t-elle cessé pour faire place à la discussion esthétique, on n'a plus parlé de son origine et on ne s'est occupé que de sa beauté, et il y a eu unanimité pour en admirer la perfection. C'est donc une œuvre d'art de premier ordre que possède le Musée de Coutances.

On y remarque aussi des anges musiciens ayant appartenu à un autel du commencement du xvi° siècle, situé dans la chapelle de derrière le chœur de l'église Saint-Pierre de Coutances. Cet autel en bois, sculpté avec le rare talent qui caractérisait les artistes de la Renaissance, était une des merveilles de cette église qui est peut-être un des plus beaux types de l'architecture de cette époque. Il a été remplacé par un autel en pierre blanche à la mode du jour. Je n'ai encore retrouvé du premier autel que les délicieuses statuettes qui étaient au grand séminaire de Coutances, et que les administrateurs de cet établissement ont bien voulu donner au Musée de Coutances.

Elles ont une grande valeur à cause du mérite de leur exécution et de leur originalité. Ces anges musiciens sont au nombre de neuf, et ils jouent d'instruments différents, excepté le chef d'orchestre qui tient son bâton de mesure d'une main et de l'autre sur la poitrine le cahier où il indique avec son doigt aux musiciens le passage qu'ils doivent jouer. On y remarque tous les instruments en usage au commencement du xvi° siècle, avant que l'école de Crémone eût fait une véritable révolution dans l'instrumentation à cordes et eût atteint peut-être la perfection, on y voit des trompettes, des buccins, des violons, des violes d'amour, des flûtes, des tambourins, des tambours de basque, des mandolines. Le premier violon et le chef d'orchestre ont beaucoup de mouvement et d'inspiration. Après le buste de Torigny, cette collection d'anges musiciens est certainement l'œuvre la plus curieuse et la plus originale du Musée de Coutances.

On y voit un buste de Mgr Bravard, fondateur de la Société académique du Cotentin, de M. Girard, sculpteur et membre du conseil municipal de Coutances. Ce buste a beaucoup de mérite et surtout celui de la ressemblance qui est frappante;

Un plan de la Bastille en plâtre, donné à la ville de Coutances par l'Etat, lorsqu'elle avait l'honneur d'être le chef-lieu administratif du département de la Manche, dont elle n'est plus que le chef-lieu épiscopal, universitaire et judiciaire;

Des fac-simile en plâtre des inscriptions et des armoiries relevées sur l'aqueduc de Coutances, établissant que ce monument appartient non aux temps antiques mais au Moyen-Age;

Beaucoup de médailles du Haut et du Bas-Empire, trouvées dans les environs de Coutances;

Une collection de médailles antiques, données par M. Savary, député;

Un beau vase en terre noire vernissée, trouvé dernièrement à Coutances, rue du Palais-de-Justice;

Beaucoup de vases antiques provenant du musée Campana et donnés par l'Etat;

Deux bas-reliefs en terre cuite de Ramey et de Chaudey;

Les meilleurs tableaux et dessins du Musée, qui en contient environ un cent, sont : une esquisse de Rubens, représentant une chasse aux lions; un grand tableau de Coypel; le portrait du duc de Plaisance, par Robert Le Fèvre; une marine de Joseph Vernet; un grand tableau de Bell; un autre de Perrin; une esquisse de Paul La Roche; des aquarelles et des dessins de Fragonnard; un paysage de Ross de Tivoli; un délicieux fusain de M. Couraye du Parc, représentant l'entrée du port de Regnéville; un excellent portrait de Blissot ;

Un beau plafond et quelques tableaux de Bichue, des esquisses de Meynier; un paysage de Quinard; des fleurs de Serru, et un paysage de Mortemart ;

Quelques tableaux de Baptiste Quesnel, de Coutances, mort il y a quelques années à Caen ;

De jolis tableaux de genre et de bonnes copies de MM. Basile et Léon Quesnel, et Mlle Théonie Quesnel ;

On y voit deux belles tapisseries du XVIᵉ siècle, appartenant à la ville de Coutances.

On construit en ce moment une vitrine qui renfermera une collection fort intéressante de manuscrits ornés de vignettes et de miniatures du XIIIᵉ, du XIVᵉ et du XVᵉ siècles. On y remarquera la plus ancienne charte en français donnée en Normandie, elle est de 1248, et un livre d'heures du XIIIᵉ siècle, de toute beauté.

Cette vitrine contiendra aussi une série de magnifiques imprimés depuis l'invention de l'imprimerie jusqu'au commencement du XIXᵉ siècle, où on pourra étudier les progrès de l'imprimerie, si toutefois il y en a eu beaucoup depuis les chefs-d'œuvre des Alde, des Plantin, des Juntes, des Cramoisy, des Elzévir, des Etienne, que l'on pourra admirer dans cette collection.

Il se trouve aussi au Musée :

Une collection des insectes du pays.

Un assez grand nombre de roches des environs de Coutances.

Des marbres et des fossiles provenant des calcaires carbonifères de Montmartin-sur-Mer.

———

CHEMIN DE FER DE SAINT-LO A LAMBALLE

La première pensée et la première démarche pour établir cette voie ferrée longeant une grande partie du département de la Manche, et faisant communiquer Cherbourg avec tous les grands ports militaires et commerciaux de l'Océan, sont venues du Conseil d'arrondissement de Coutances, qui, sur ma proposition, en 1858, quelques jours après mon installation dans les fonctions de sous-préfet de Coutances, émit le vœu de son classement et de sa prompte exécution. Voici le texte du rapport et de la délibération.

RAPPORT.

« Pour que tous les ports militaires de l'Océan soient reliés par des chemins de fer, il ne reste plus à classer qu'un embranchement de Carentan ou de Saint-Lo sur Saint-Malo-de-l'Isle. Vous émettrez sans doute un vœu pour l'exécution de ce chemin qui joindrait à un grand intérêt national celui de parcourir une contrée riche, et de mettre en rapport direct l'Espagne avec l'Angleterre.

» Le grand transversal aurait desservi d'une manière moins directe tous ces intérêts, et vous renouvellerez le vœu de son classement si on abandonne celui de l'embranchement dont je viens de vous entretenir. »

DÉLIBÉRATION DU CONSEIL D'ARRONDISSEMENT
DE COUTANCES.

« Il ne reste plus à classer pour que tous les ports militaires de l'Océan soient reliés par des chemins de fer qu'un embranchement de Carentan à Saint-Malo.

» Le Conseil exprime un vœu pressant pour l'exécution de cet embranchement, et pour le cas où ce projet serait abandonné, le Conseil demande avec instance le classement du grand transversal qui mettrait en relations directes les ports et les établissements militaires de la Manche et de l'Océan.

» Le 19 juillet 1858.

» *Ont signé au procès-verbal :*

» HÉBERT, LEBRUN, LEBUFFE, LE RENDU, JOUVIN, DANLOS, DU SAUSSEY, COULOMB, LE CESNE. »

Des pétitions de toutes les communes de l'arrondissement vinrent appuyer ce vœu qui fut adopté par le Conseil général.

On ne se préoccupait alors que de relier Cherbourg à Brest par la voie la plus directe et par conséquent la plus économique.

Le premier projet, aux études duquel concoururent le département et la ville de Coutances, faisait partir le chemin de Carentan et il devait passer par Périers, Coutances, Granville, Avranches, Pontorson et Dol.

Pendant plusieurs années le Conseil général de la Manche et le Conseil d'arrondissement de Coutances, se prononcèrent pour ce tracé; mais le ministre de la guerre trouvait le point de départ trop éloigné de la côte ouest du département. Le préfet et les habitants de Saint-Lo voyaient avec regret que la voie ne partait pas de Saint-Lo.

Il y eut alors des démarches fort vives en faveur de Saint-Lo, on proposa une autre voie, partant soit de Couville, soit de Sottevast, soit de Valognes; ces débats retardèrent l'exécution du chemin, mais pourtant ils ont abouti à un résultat, tardif il est vrai, mais avantageux pour l'ensemble du département de la Manche et surtout pour l'arrondissement de Coutances.

Au lieu d'une seule voie les traversant du nord au sud, ils en auront au moins deux, celle de Sottevast à Coutances, celle de Saint-Lo à Lamballe, et probablement celle de Périers à Carentan.

Il a été concédé à la compagnie de l'Ouest en 1867 et devait être en entier livré à l'exploitation dans le courant de 1878. La compagnie a tenu son engagement pour la plus grande partie de la ligne, malgré les événements de 1870 et 1871, qui ont suspendu les travaux publics pendant ces deux années.

En partant de Saint-Lo, le chemin de fer longe du côté gauche la rivière de Vire, et du côté droit la Falaise, promenade de Saint-Lo. En quittant cette ville on en a une délicieuse vue qui réunit sur divers plans le pont, la rivière, les anciennes tours de la ville forte, l'église Notre-Dame et l'établissement du Bon-Sauveur.

Après avoir laissé sur la gauche le pont de Candol, le chemin de fer s'engage dans la vallée de la Joigne, affluent de la Vire, et remonte cette vallée jusqu'à Quibou, grande commune du canton de Canisy, ayant une population de 1,344 habitants et une superficie de 1,713 hectares.

Cette vallée, très-profonde, très-boisée, est extrêmement pittoresque.

On arrive ensuite à la station de Canisy, à huit kilomètres de St-Lo. Canisy a eu un marché plus important autrefois qu'il ne l'est maintenant et une agglomération dont les maisons sont assez bien bâties.

La station est sur la rive gauche de la Joigne et fait pendant avec le beau château de Canisy, appartenant à l'époque de la Renaissance, ayant tourelles et un immense colombier.

Le propriétaire actuel de ce château, M. le comte de Kergorlay, le fait remettre à neuf avec goût, parce qu'il le restaure tel qu'il a été bâti à son origine.

Après avoir franchi la rivière de Terrette sur un remblai de vingt mètres, on aperçoit à gauche le gracieux clocher de Carantilly, de construction récente, et on arrive à la station de Carantilly-Marigny, située près du château moderne de Carantilly qu'on aperçoit à gauche.

Cette station dessert en même temps que Carantilly le bourg chef-lieu de canton important de Marigny.

On voit, à environ trois kilomètres de distance, son clocher élégant, qui a été reconstruit dernièrement après avoir été démoli par la foudre.

Après avoir quitté Carantilly et après avoir parcouru environ trois kilomètres, on passe par l'agglomération de Hamelours. Deux kilomètres plus loin on passe près du château moderne de Savigny, que le chemin de fer laisse à droite, et on atteint la halte de Belval, située à l'embranchement du chemin de grande communication de Périers à Cérisy-la-Salle avec la route nationale de Granville à Bayeux. Cette halte, point culminant entre Coutances et St-Lo, est située à 131 mètres au-dessus du niveau de la mer.

De la halte de Belval on descend dans la vallée du Ridel

d'où on aperçoit à droite l'église de Cambernon, et les avenues du château de cette commune, démoli depuis une vingtaine d'années.

On a à gauche une délicieuse vue sur la vallée de la Soules au premier plan, et on voit dans le lointain les clochers de Cérisy-la-Salle, Montpinchon, et au-delà les buttes de Montabot et du Chefresne, situées à dix lieues de distance au moins.

A quatre kilomètres de Coutances, on passe entre la lande des Vardes et le clocher de Courcy que l'on voit à gauche et on commence à apercevoir quelques monuments de la ville. Après avoir laissé à gauche le petit bois de sapins qui couvre le tumulus de la Criquette, on aborde la grande tranchée tournante de la Galaisière, d'où se déroule en changeant à chaque instant le pittoresque panorama de la ville de Coutances, de la vallée de Guerney et du Pont-de-Soules, on tourne la ville de manière que lorsqu'on aura dépassé le viaduc de la Soules, en regardant en arrière on apercevra le côté ouest de la ville après avoir vu en descendant la tranchée de la Galaisière le côté est.

On voit donc dans ce mouvement sur trois faces la plupart des monuments de Coutances;

L'évêché, la Cathédrale, l'église Saint-Pierre, le lycée, l'hôpital, avec son joli clocher du temps de la renaissance.

On traverse à la Galaisière sur un viaduc de vingt-huit mètres de portée et de quinze mètres d'élévation le chemin vicinal de Courcy.

Ce viaduc n'a qu'une seule arche en plein cintre, aussi élégante que hardie. Elle est construite entièrement en marbre gris de Montmartin, pierre qui a beaucoup de résistance, de ténacité, dont le grain très-serré a la couleur du beau granit bleu. Elle a été employée avec une rare intelligence dans la construction de cette belle œuvre d'art et des autres travaux dans le voisinage de Coutances, par MM. Pages, ingénieur en chef, de Lestelle, Totain et Robert, si bien secondés par les entrepreneurs Javoque, Verjat, Villebeneq, Nouteau et Convert.

Cette pierre, moins dure que le granit et par conséquent plus facile à tailler et plus économique, est extrêmement solide et change moins à l'air que le granit qui se rouille souvent et noircit à la longue.

Celle de Montmartin garde longtemps sa première couleur, mais comme elle est attaquable par les acides il suffit de la laver avec une eau acidulée pour lui rendre sa couleur primitive.

L'aspect de cette pierre a tellement la couleur du granit qu'on les prend l'une pour l'autre, quand elle est mêlée au granit, comme elle l'a été sur le viaduc du chemin de Courcy, voisin du Pont-de-Soules, et le grand viaduc de la Soules, Ce grand viaduc, qui aura vingt-six mètres de hauteur, est une œuvre d'art non moins remarquable que le viaduc de la Galaisière. Ils compteront parmi les travaux les plus hardis et les plus élégants qui aient été construits sur les voies ferrées françaises.

Ce sont de beaux monuments qui font bien pendant avec les deux monuments religieux de premier ordre qui ornent la ville de Coutances, la Cathédrale et l'église Saint-Pierre.

IMPORTANCE DES TRAVAUX DU CHEMIN DE FER
AUX ENVIRONS DE COUTANCES.

Quand on doit construire une voie de communication du nord au sud, dans les environs de Coutances, on éprouve les plus grandes difficultés pour en adoucir les pentes. En effet on rencontre dans des distances qui n'ont pas cinq kilomètres, des différences brusques d'altitudes, de 180 mètres à 15 mètres. Le sommet de la butte de Mont-huchon est à la cote 180, et la rivière de Soules qui n'en est éloignée que de cinq kilomètres est à la cote 15.

Le sol sur lequel est bâtie la Cathédrale est à 95 mètres au-dessus du niveau de la mer. La rivière de Soules qui n'en est éloignée que de quinze cents mètres est, comme nous l'avons dit, à 15 mètres.

Ces différences de niveau rendent, comme nous l'avons dit, la construction de routes et surtout de chemins de fer, qui ne doivent avoir au maximum que des pentes de quinze millimètres, très-difficile; il a fallu racheter ces différences par des développements de parcours et des travaux d'art véritablement gigantesques aux environs de Coutances :

Des remblais, des tranchées, des viaducs, qu'on n'aurait pas osé entreprendre il y a cent ans, quand les forces humaines n'étaient pas, comme aujourd'hui, décuplées par la vapeur.

Les tranchées et les remblais du Ridel ont occasionné des mouvements de terre de cent mille mètres cubes.

Celle de la Galaisière et le remblai de la vallée de la Soules des mouvements de terre de trois cents mille mètres cubes. La voie d'accession du boulevard Est, qui comble la vallée, a entraîné un remblai de quatre-vingts mille mètres cubes de terre.

Le viaduc de la vallée de la Soules a six arches de douze mètres d'ouverture, vingt-six mètres de hauteur au-dessus des fondations qui sont de cinq mètres en moyenne. Il contiendra environ sept mille mètres cubes de maçonnerie.

Il est à remarquer que ce viaduc sert à la fois de pont et de viaduc, de pont pour la Soules et de viaduc pour donner passage aux voies d'exploitation des prairies voisines, au chemin vicinal de Coutances à Nicorps, à la route départementale de Coutances à Gavray et à l'ancien tracé de cette route qui a été rectifiée récemment.

Ces passages de rivières et de routes ont singulièrement compliqué ces travaux et les ont rendus d'une exécution très-difficile. Ces difficultés ont été parfaitement vaincues par les habiles ingénieurs MM. Pages, de Lestelle et Robert, qui ont dirigé la construction de cette œuvre d'art monumentale.

EXPLOITATION DU CHEMIN DE FER.

L'itinéraire de Coutances à Saint-Lo n'est pas encore arrêté par la Compagnie, mais il est vraisemblable qu'un train partant à 6 heures du matin ira rejoindre à Saint-Lo celui qui part de cette ville aujourd'hui à 7 heures du matin, passe à Lison à 8 heures, arrive à Caen à 10 h. 20 et à Paris à 7 h. 50. Un autre train partira à 8 h. 30 du matin, passera à Saint-Lo à 9 h. 30, à Lison à 10 h. 30, à Caen à 11 h. 30 et arrivera à Paris à 5 heures du soir. Un autre train partira le soir à 6 heures, passera à Saint-Lo à 7 h. 30 et arrivera à Paris à 5 heures du matin.

Il est probable que le train partant de Paris à 9 heures du matin arrivera à Coutances à 5 h. 30 du soir. On aura par ce train les journaux publiées à Paris le matin.

Le train rapide partant de Paris à minuit arrivera à Coutances à 7 heures du matin.

Quand la ligne de Saint-Lo à Lamballe sera ouverte de Coutances à Folligny, le voyageur qui voudra de Coutances se rendre à Paris aura le choix de suivre la ligne de Cherbourg à Paris ou celle de Granville à Paris.

Les prix de transport ne seront pas sensiblement différents, et il pourra choisir pour descendre à Paris soit la gare Saint-Lazare, soit la gare Montparnasse.

Les heures d'arrivée étant différentes, il y aura six trains au moins par jour pour aller à Paris.

Quand la ligne de Coutances à Cherbourg sera ouverte, on aura des trains sur Cherbourg et Brest qui atteindront ces deux points extrêmes sans arrêts autres que ceux nécessaires pour l'alimentation des machines et les mouvements de gares.

Des trains sur Rennes correspondant avec la ligne de Nantes à Bordeaux. Un train direct de Nantes à Bordeaux par les Charentes existe déjà, il part à 6 heures du matin et arrive à 6 heures du soir à Bordeaux. Par cette voie, il y aura pour le voyageur qui évitera Paris une réduction de prix de près de 41 fr. et une diminution de parcours de 200 kilomètres au moins.

Pour aller de Coutances à Lyon, en évitant Paris, on devra passer par Argentan, Le Mans. Tours, Nevers, Moulins, et Roanne.

Pour aller à Marseille, dans les mêmes conditions, on devra passer par Argentan, Le Mans, Tours, Nevers, Moulins, Clermont-Ferrand, Brioude, Alais, Nîmes, Beaucaire et Arles.

On aura une diminution de parcours de 200 kilomètres au moins.

EXCURSION AUX ENVIRONS DE COUTANCES.

L'ouverture de la ligne de Saint-Lo à Lamballe, de celle de Coutances à Sottevast, de Carentan à Carteret la construction probable et prochaine de celle d'Hyenville-Orval à Regnéville, changeront sensiblement l'itinéraire des touristes qui viendront visiter les monuments et les curiosités naturelles des environs de Coutances et devront étendre le rayon de leurs excursions.

En moins d'une heure on pourra se rendre sur la plage de Montmartin et au havre de Regnéville, et des stations d'Hyenville, Montmartin et Regnéville, on pourra visiter à pied le campement romain de Montchaton, le pont de la Roque, le donjon, le port et l'église de Regnéville, les parcs d'huîtres nouvellement installés de M. Boutin, produisant une huître verte comme celle de Marenne et toute aussi bonne qu'elle.

Les cultures maraîchères de Montmartin et communes voisines, les magnifiques carrières de marbres de Montmartin, d'Orval et les fours à chaux de ces communes.

De la station de Cérences on pourra visiter les châteaux de Gavray, Hambye, l'abbaye de Hambye et le château de Chanteloup.

De la station de Lessay et de celle de la Haye-du-Puits on pourra visiter Lessay, l'église de Vesly, le château de la Haye-du-Puits, le camp romain de Montcastre.

De Périers on pourra visiter le château de Saint-Germain-sur-Sèves, celui de Gonfreville, l'église de Gorges.

A mesure que les voies ferrées devant desservir Coutances seront mises en exploitation, nous ferons des additions à ce Guide, qui pourront s'y rattacher et qui seront remises gratuitement à ceux qui l'auront précédemment acheté et les réclameront ; elles leur seront délivrées sur la présentation de l'exemplaire acheté.

OUVERTURE DU CHEMIN DE FER

DE

SAINT-LO A COUTANCES

Marche des Trains à partir du 30 décembre 1878.

		mat.	mat.	soir.
Coutances	*Dép.*	6 14	11 37	5 44
Belval.		6 31	11 57	6 »»
Carantilly		6 49	12 18	6 17
Canisy		7 03	12 41	6 30
Saint-Lo.		7 21	1 05	6 47
Lison		8 11	2 25	7 25
Caen	*Arr.*	10 24	—	—
		soir.		
	Dép.	12 02	—	9 25
				mat.
Paris	*Arr.*	7 50	—	5 »»

		mat.	mat.	soir.
Paris	*Dép*	—	9 »»	8 »»
			soir.	mat.
Caen	*Arr.*	—	2 17	2 09
	Dép.	7 25	2 29	2 27
Lison		9 22	4 »»	4 25
Saint-Lo.	*Arr.*	9 54	4 34	5 »»
	Dép.	10 8	4 40	5 06
Canisy		10 27	4 56	5 22
Carantilly		10 47	5 09	5 37
Belval.		11 15	5 28	5 55
Coutances	*Arr.*	11 36	5 43	6 13

La Compagnie n'a pas fait connaître le prix des places ; mais il est à peu près certain que la distance entre St-Lo et Coutances étant la même qu'entre Carentan et Valognes, le prix des places sera de St-Lo à Coutances, 3 fr. 55 en première, — 2 fr. 65 en seconde, — 1 fr. 95 en troisième.

SERVICES CORRESPONDANTS

Aux départs et à l'arrivée des trains

DE LA GARE DE COUTANCES

ENTREPR'SE A. LEQUEUX

Départs de Coutances pour Granville à 6 heures matin, 11 h. 30 matin ; 5 h. 30 soir.

Départs de Granville pour Coutances à 2 h. 30 matin ; 8 h. matin ; 2 heures soir.

SERVICE DE COUTANCES A GRANVILLE PAR MONTMARTIN

Départ de Coutances à 8 heures du matin.

Départ de Granville à 4 h. 30 du soir.

A COUTANCES, Bureau central rue Tourville.

A GRANVILLE, Bureau central hôtel du Nord, rue Le Camplon.

HISTOIRE

DU DIOCÈSE

DE COUTANCES ET AVRANCHES

Depuis les temps les plus reculés jusqu'à nos jours

suivie

DES ACTES DES SAINTS

ET D'UN TABLEAU HISTORIQUE DES PAROISSES

Par M. l'abbé LECANU,

Chanoine de Coutances, docteur en théologie, membre de la Société des Antiquaires de Normandie, de la Société Académique du Cotentin, correspondant de l'Institut des Provinces, auteur de l'Histoire de N.-S. J.-C., de l'Histoire de la Sainte-Vierge, de l'Histoire de Satan et de plusieurs autres ouvrages.

Deux volumes in-4°. . . . . 30 fr.

GRAND CHOIX

D'OUVRAGES

ANCIENS ET MODERNES

SUR LA NORMANDIE

TABLE

Coutances. — Imp. de SALETTES, Libraire-Editeur.

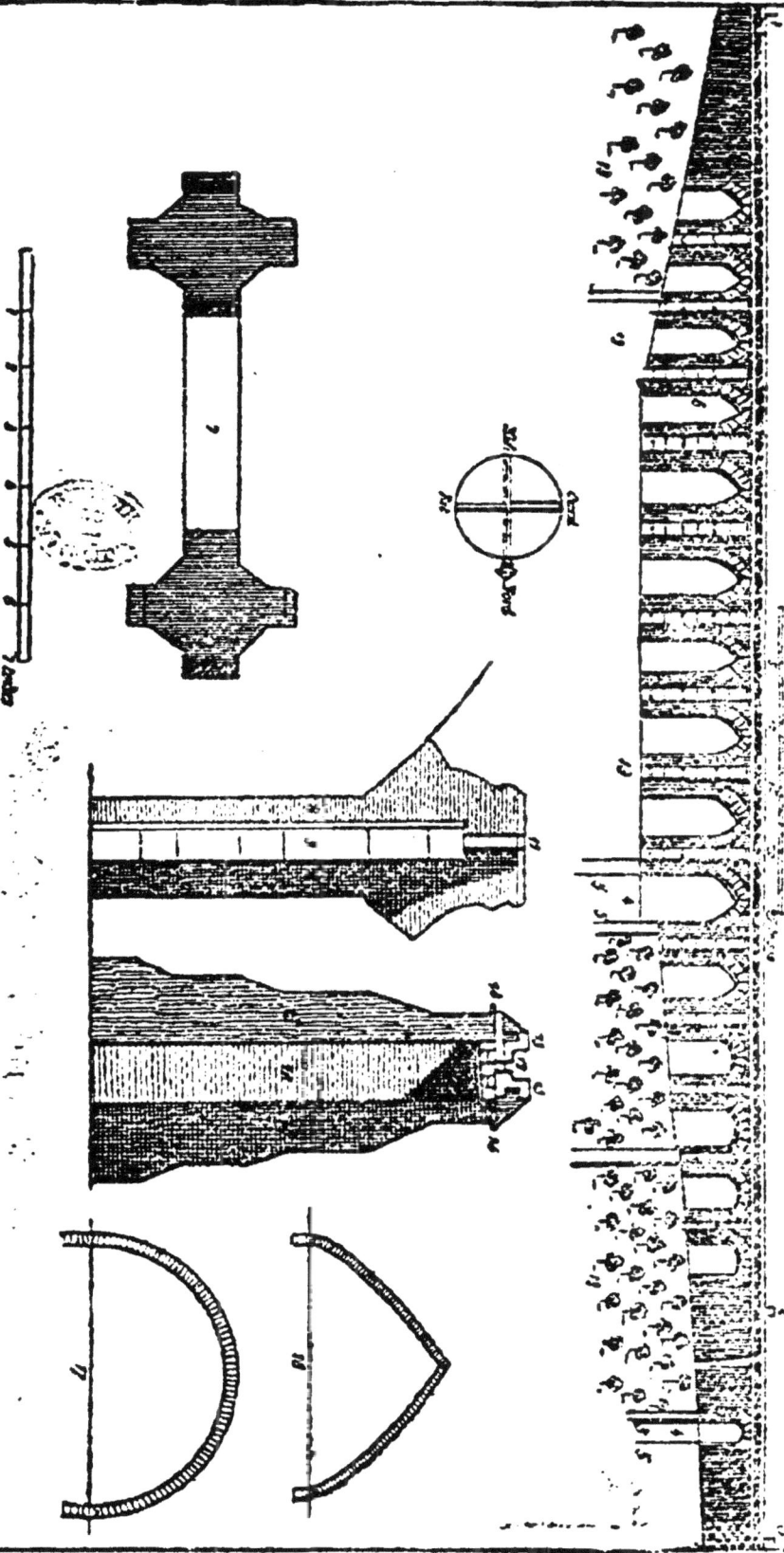

AQUEDUC DE COUTANCES.